WORLD RESTAURANT DESIGNS

51 Outstanding Ethnic Restaurants

目次

イタリア・スペイン料理店

ラ・フェンテ	6
ラ・ボエム	9
ラ・ラナリータ	12
サバティーニ	16
ダノイ	19
エスパーニャ・ミロ	22
ベリーニ	26
カ・ドーロ	29
エノテーカ ピンキオーリ	32
ヴォーノ	35
ダ・サルバトーレ	38
スパッソ	41
リブレ	44

エスニックレストラン

ジアス	48
エル・モカンボ	52
フェスタパレス	55
別人倶楽部	58
カサバ	62
カマール	65
ガンガーパレス	68
ポピーズ	71
アリーズ マカン	74
ファー イースト クラブ	77
極楽食堂	80
獏	83
然	86

パクーン	89
クン ポ:	92
エラワン	96
イートバー	100

中国料理店・朝鮮焼肉店

ケフェウス	104
ソーホーズ ウエスト	108
エスカミューズ	113
聘珍楼	118
嵐山 主水	123
海鮮市場 K	128
三彩	132
上海園林	136
ア・タント	139
チャイナブルー	142
テイテ	145
パオ・ロード	148
平壌亭	151
新羅館	154
野・野	158
花心	162
徳寿	166
李	169
そら	172
ととやじゅじゅ	175
レ・アール	178

掲載作品設計データ ... 181

CONTENTS

ITALIAN & SPANISH RESTAURANTS

LA FUENTE	6
LA BOHEME	9
LA RANARITA	12
SABATINI	16
DANOI	19
ESPAÑA MIRO	22
BELLINI	26
CÁ D'ORO	29
ENOTECA PINCHIORRI	32
BUONO	35
DA SALVATORE	38
SPASSO	41
LIBRE	44

ETHNIC RESTAURANTS

THE EARTH	48
EL MOCAMBO	52
FIESTA PALACE	55
BETSUJIN CLUB	58
KASABA	62
KAMAL	65
GANGA PALACE	68
POPPIES	71
ARIS MAKAN	74
FAR EAST CLUB	77
GOKURAKU SHOKUDO	80
BAKU	83
ZEN	86

PACOON	89
KUN PO:	92
ERAWAN	96
EAT BAR	100

CHINESE & KOREAN RESTAURANTS

KE[FE]US	104
SOHO'S WEST	108
ESCAMUSE	113
HEICHINRO	118
ARASHIYAMA MONDO	123
Sea Food Market K	128
SANSAI	132
SHANGHAI ENRIN	136
A TANTOT	139
CHINA BLUE	142
TEI·TE	145
PAO ROAD	148
HEIJOHTEI	151
SHINRAKAN	154
NO·NO	158
KASHIN	162
TOKUJU	166
LEE	169
SORA	172
TOTOYA JUJU	175
LES HALLES	178

SHOP DATA	181

Abbreviations　略号

A／C	Air Conditioner	空調機
BC	Beer Cooler	ビールクーラー
	Bottle Cooler	ボトルクーラー
CR	Cloakroom	クロークルーム
CS	Circulation Space	通路
CTR	Counter	カウンター
DCT	Dish up Counter	ディシャップカウンター
DF	Drinking Fountain	ドリンクディスペンサー
DS	Duct Space	ダクトスペース
DSP	Display Space	ディスプレイスペース
DT	Display Table	ディスプレイテーブル
DW	Dumb waiter, Lift	ダムウエーター・リフト
EH	Entrance Hall	エントランスホール
ELEC	Electrical Room	電気室
ESC	Escalator	エスカレーター
ELV	Elevator, Lift	エレベーター
F	Freezer	冷凍庫
FR	Fitting Room	フィッティングルーム
FRF	Freezer & Refrigerator	冷凍冷蔵庫
GL	Ground Level	基準地盤面
Hg	Hanger	ハンガー
IM	Ice Maker	製氷器
LF	Lighting Fixture	照明器具
LR	Locker Room	ロッカールーム
MIR	Mirror	鏡
MECH	Mechanical Room	機械室
MWC	Men's Water Closet	男子用便所
PA	Public Address	音響機器
PN	Pantry	パントリー
PS	Pipe Shaft	パイプシャフト
PT	Package Table	包装台
R	Register, Cashier	レジスター
REFR	Refrigerator	冷蔵庫
SC	Show Case	ショーケース
Sh	Shelf	棚
SP	Speaker	スピーカー
SPC	Sample Case	サンプルケース
SR	Staff Room	従業員室
SS	Service Station	サービスステーション
	Service Area	サービスエリア
ST	Stage	陳列（台）ステージ
SW	Show Window	ショーウインドー
T	Table	テーブル
VM	Vending Machine	自動販売機
WA	Waiting Area	待合スペース
WT	Work Table	調理台・作業台
WWC	Women's Water Closet	女子用便所
WH	Warehouse	倉庫・ストックルーム

CL	Clear Lacquer	クリアラッカー
CB	Concrete Block	コンクリートブロック
EL	Enamel Lacquer	エナメルラッカー
EP	Emulsion Paint	エマルジョンペイント
FB	Flat Bar	フラットバー
FIX	Fixed Fitting	はめ殺し
FL	Fluorescent Lamp	蛍光灯
HL	Hair-line Finish	ヘアライン仕上げ
LGS	Light Gauge Steel	軽量鉄骨
OP	Oil Paint	オイルペイント
OS	Oil Stain	オイルステイン
PB	Gypsum Board, Plaster Board	石こうボード
PL	Plate	平板・プレート
RC	Reinforced Concrete	鉄筋コンクリート
S	Steel Frame	鉄骨
SRC	Steel Framed Reinforced Concrete	鉄骨鉄筋コンクリート
VP	Vinyl Paint	ビニルペイント
@	Pitch	ピッチ

本書は1989年から1993年までの月刊商店建築誌（増刊号を含む）に掲載された作品をセレクトし，構成したものです。作品に関するコメントは，編集者が雑誌に掲載された設計者とクライアントのコメントをもとに短い文章にまとめています。また，巻末の作品データ欄は雑誌掲載時のものですので，営業内容など変更になっている場合があります。

This book collects projects selected from Monthly Shotenkenchiku back numbers(including extra issues) published from 1989 through 1993, adding several new ones. All the texts except some of the new projects are summaries by the editor of comments by the designers and clients.

ITALIAN & SPANISH RESTAURANTS

ラ・フェンテ	6	LA FUENTE
ラ・ボエム	9	LA BOHÉME
ラ・ラナリータ	12	LA RANARITA
サバティーニ	16	SABATINI
ダノイ	19	DANOI
エスパーニャ・ミロ	22	ESPANA MIRO
ベリーニ	26	BELLINI
カ・ドーロ	29	CÁ D'ORO
エノテーカ ピンキオーリ	32	ENOTECA PINCHIORRI
ヴォーノ	35	BUONO
ダ・サルバトーレ	38	DA SALVATORE
スパッソ	41	SPASSO
リブレ	44	LIBRE

ラ・フェンテ

東京都渋谷区広尾5丁目8-14 東京建物広尾ビル地下1階

Spanish Restaurant LA FUENTE

Hiroo Shibuya-ku Tokyo
Designer Koichi Yasunaga

設計／イリア　安永孝一　島村こみち
協力／サイン　藤井博之
　　　　アートペイント　アルテピナコテーク
施工／イリア　北野紘司

●水をモチーフにしたペインティング

東京・広尾は各国の大使館が多く点在し，外国人居留者が多く住んでいる特異な地域である。このスペイン料理店は広尾の表通りから外れた高級住宅街に立つビルの地下1階にあり，高級ホテルのスタッフによる運営とコース料理を中心とした立地にふさわしいハイグレードな店づくりを目指している。

インテリアの特徴は，飾り柱と飾り梁を組み合わせた立方体のフレームで，表面は水の流れをモチーフに青いパターンのアートペインティングが施され，店内を縦貫する。対照的に周囲の壁面はサンドカラーの曲面で構成され，この二つの要素の対比が内部空間に幻想的で洗練された都市のリゾートレストランの雰囲気を演出している。ファミリーレストラン的な明るさや賑わいとは違った，都会の隠れ家的な落ち着いた大人のムードが楽しめる懐石風地中海料理の店である。

1. ダイニングエリアより個室B方向を見る
View from the dining area to the room B

LA FUENTE

With a number of embassies and the foreign residents, Hiroo is a special area in Tokyo. This Spanish restaurant is located on the basement of a building in an upper-class residential area off the main street. Staff from high graded hotel and the chef aim to serve you a good high-class food, considering that sophisticated neighborhood.

A vertical and horizontal frame work of beams and columns are characteristic decorative interior elements. Painted blue upon an image of running water, it was constructed lengthwise. Offering a striking contrast with it, a sand colored carved wall surrounds the space. These two contrastive elements makes an urban resort restaurant. Different from cheerful and bright family restaurants, this one can be called a sort of combination of southern European food and Japanese kaiseki zen style.

1

2

LA FUENTE PLAN 1:250

2. 奥の個室Aより個室B・C方向を見る
View of the room B from the room A

ラ・ボエム 世田谷

東京都世田谷区池尻 1 丁目 9 - 11 中村ビル 1 階・地下 1 階

設計・アートワーク／真壁　廉
協力／実施設計　TKデザイン　河野和哉
施工／ファビリカ

Italian Restaurant LA BOHÉME Setagaya

Ikejiri Setagaya-ku Tokyo, Designer Ren Makabe

1. ウエイティングバーより見た1階客席A
1F：View of the dining A from the waiting bar

2

●設計者不在の店づくり

東京・池尻の住宅街にあるビルの1階と地下1階を
占めるこのイタリアンレストランは，同一の経営者が運
営するチェーン店の一つである。従来は，設計者が店
舗デザインを担当していたが，今回はオーナーとアー
チストが共同してデザインにあたり，設計者は協力する
だけという新しい試みがなされた。店舗は，あくまでオー
ナー自身のものであり，その意志がデザインに強く反映
されるべきだという考え方からである。

没個性的でない店づくりをするために選ばれたのは新
進のアーチスト・真壁 廉であり，彼の手になるアートオ
ブジェが，海外から買い付けられた照明器具や絵画，
マントルピースなどと混然一体となって，温かく居心地
の良い空間を創出している。

地下1階に大きなスペースの池を贅沢に造って，楽し
さを演出し，またトイレを1階と地下1階の中間に配し
て両フロアをつなぐ役割を持たせたのは，オーナーのア
イデアによるものである。

2. 地下1階の噴水わきから池ごしに客席Bを見る
  B1F：View of the pond from the fountain
3. 同じく地下1階の客席Bより見た池と階段
  B1F：View of the pond from the dining B

LA BOHÉME

Tenanting the first floor and a basement of a
building in a residential area of Ikejiri, Tokyo,
this Italian one is a one of chained restau-
rants. Usually architects also designed the
interior of this chained project, this time,
however, the owner and artists collaborated
in designing, since the owner thought that he
should be true to his creed of supervising
everyting about his restaurant.

To avoid a cliche of restaurant design, the
owner chose young progressive artists Ren
Makabe. With his designed artistic objects
are harmonized with lamps, paintings, and a
mantelpiece imported from abroad and all
creats a comfortable atmosphere.

A fantastic big pond was created on the
basement floor. Also, it was owner's idea
that the first and basement floors are con-
nected by toilet room on both floors.

3

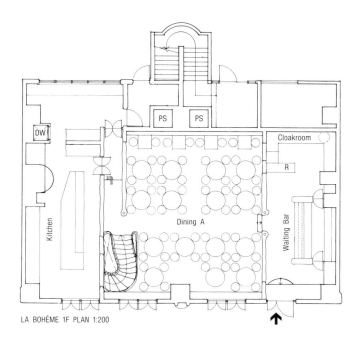

LA BOHÉME 1F PLAN 1:200

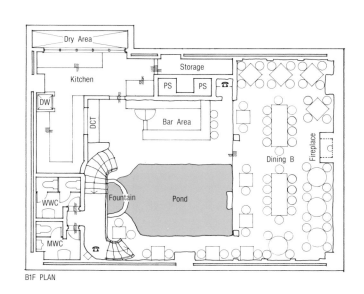

B1F PLAN

1

西洋的建築手法で構成されたイタリアンレストラン

ラ・ラナリータ 吾妻橋店

東京都墨田区吾妻橋1丁目23-1 アサヒビール吾妻橋ビル22階

Italian Restaurant LA RANARITA

Azumabashi Sumida-ku Tokyo, Designer Shigeru Uchida

2

トータルコーディネート／アサヒビールプランニング　山口桂次
設計／内田　繁＋スタジオ80　佐野勝久
協力／照明　藤本晴美＋ウシオスペックス　外山信治
施工／大林組

1. スカイルームから見た入り口ホールまわり　View of the entrance hall from the sky room
2. 入り口わきに配されたウエイティングバー　View of the waiting bar from the corridor

●イメージの集合体としての列柱空間

日本におけるビール会社の大手・アサヒビールが会社創立100年を記念して同じ敷地内に二つのビルを建設した。一つは巨大な金の炎を屋上にのせたアサヒビール吾妻橋ホール（デザイン／フィリップ・スタルク）であり，もう一つはこのイタリアンレストランが最上階にある通称・アサヒビールタワーである。

柱と室内との整合性を主張したデザインは，西洋建築の内部空間を連想させる列柱の厳密な配置によるものであり，日本の伝統的なデザインには見ることの少ない手法である。デザインイメージについて設計者は自分が育った横浜の港付近に見られる西洋建築群，工業地帯や港湾に見られる工業的イメージ，日本独自の風習と空間など，多くのイメージが集合したものであると述べている。

入り口に面した外部エントランスホールには同じ設計者のデザインになるスカイルームが隣接しており，展望台としてコーヒーを楽しむことができる。

3. 入り口から見たレジカウンターとクローク
View of the cashier counter
4. 個室Aから見たダイニング客席全景
Whole view of the dining area

LA RANARITA

Asahi, one of major beer brands built two buildings on their same site to celebrate a centennial anniversary. One is Asahi Beer Azumabashi Hall with a golden flame-shaped top by Philippe Stark, and the other one is Asahi Beer Tower which has this Italian restaurant on the highest floor.

Emphasizing the correspondence of columns and the interior, a designer positioned columns strictly and carefully, as with often case with westerners but hardly with typical the Japanese. The designer described that the design was composed of images of his native town Yokohama representing old western architectures, industrial facilities or plants on the water front, and things Japanese.

An external entrance hall stands near a sky room, designed by the same designer, is suitable for people to enjoy coffee.

4

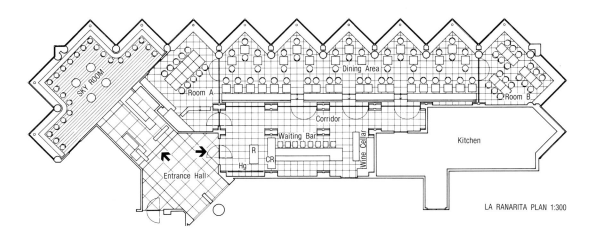

LA RANARITA PLAN 1:300

サバティーニ 渋谷

東京都渋谷区道玄坂2丁目6-17 渋東シネタワー1階

Ristorante & Trattoria
SABATINI Shibuya

Dogenzaka Shibuya-ku Tokyo
Designer Akira Watanabe

1

企画・協力／オリビエ・ゴーラン（インテリアデコレーター）
設計／渡辺明設計事務所
施工／馬場商工

1. リストランテ左奥客席の壁画　Wall paintings of the ristorante
2. リストランテ右側のガラスレリーフ壁面　Glass relievos of the ristorante

2

●二つの空間を二つのデザインで対比させる
イタリアンレストランの二つのタイプ、リストランテとトラッ
トリアを独立した形式で同居させているのが、このレスト
ランの特徴である。左側に位置しているリストランテは
予約客を中心とした本格的なイタリア料理店であり、右
側のトラットリアはフリーの若い客層を対象としたカジュ
アルなレストランである。

一つの店をこのように二つに区分しているのは、東京・
渋谷という地域が高級住宅地を背後に持ち、コンサー
トホールなど文化的な施設が多くあると同時に、若者文
化の発信基地としてヤング向けの店舗が密集している
という二重構造を持つ立地のためである。

店内のデザインは、リストランテがヨーロッパの職人の
手で製作されたルネ・ラリックの等身大に拡大されたガ
ラスレリーフをポイントとした幻想的な空間であるのに
対して、トラットリアはイタリアの典型的な街並みや田舎
の風景をフレスコ画で描いて、屋外的な雰囲気を強調
し、両者の性格の違いを対比させている。

3. トラットリア中央の客席とゲート
The gate and seatings of the trattoria

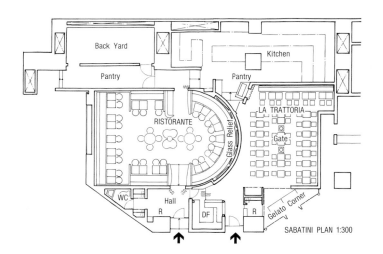

SABATINI PLAN 1:300

SABATINI
This restaurant is a combination of a ristor-
ante and a trattoria. On the left, there is the
ristorante mostly used by customers who
had reservation and on the right, carefree
trattoria for young customers.

The reason of this two-in-one construction is
due to the durability of the location Shibuya,
Tokyo, where snobbish high brows gather for
something cultural events like concerts and
hip young ones shops and eat at trendy
spots. Besides Shibuya has an upper-class
residential area.

The ristorante has a authentic and romantic
interior, using hand made relief glass with
René Lalique style real size figures by Eur-
opean craftsman. The trattoria, on the con-
trary, represents a landscape of Italian town
and country by fresco to make an outdoor
feeling.

設計／水谷壮市デザイン事務所　水谷壮市
協力／グラフィック　松川けんし
施工／タック

都市のリゾートを演出したイタリアンレストラン

ダノイ

東京都港区南青山７丁目13-13 山口屋ビル地下１階

Italian Restaurant DANOI

Minami-aoyama Minato-ku Tokyo, Designer Soichi Mizutani

1. 湾曲したアプローチ通路から店内を見る
View of the corridor from the cashier to the dining area

2. 大テーブル席よりドライエリア方向を見る　View of the dining area from the big table to the dry area

イタリア料理はフランス料理と違って格式ばらず，カジュアルな雰囲気で食事を楽しめることから，若者に人気がある。東京・西麻布のビル地下1階にできたこのレストランも，周囲に勤めるOLやサラリーマンを対象に家庭的なイタリア料理を提供する意図で企画された。
小規模なレストランの場合，厨房の占める面積が大きくなり，客席が狭くなってしまいがちであるが，両者の仕切りを半円形の湾曲した壁にすることにより，変化に富んだ空間を生み出している。曲面壁は客席から入り口まで延びて細長いアプローチ通路を形成し，待合から客席が直接見えないため，空間に奥行き感を与えるという効果をもたらした。
内部のデザインは，イタリアの夏のリゾートを象徴する海のコバルトブルー，太陽の赤，砂のベージュの3色を壁面へ効果的に配置し，また地下にもかかわらずドライエリアからの自然光をたくみに採り入れることによって都市のリゾート感覚を演出している。

DANOI
Young people love to eat Italian food, for they can enjoy it in informal way, different from French one. This Italian restaurant, located on the basement of a building in Nishi-Azabu, was designed to invite business men and women who work in the neighborhood.

When a restaurant site is small, a kitchen occupies most of space and it eventually makes a dining area narrow. In this restaurant, however, a big curved wall between kitchen and dining area accentuates the interior. The wall starts from the entrance and makes a long and narrow waiting area from which customers cannot see the dining area and feel comfortable.

Three main colors were used on walls: marine blue, as a symbolic color of the sea of an Italian summer resort, red as the sun, and beige as sand. To express a sort of urban resort feeling, the restaurant lets the natural light in from a dry area, desptite the fact that the restaurant is on the basement level.

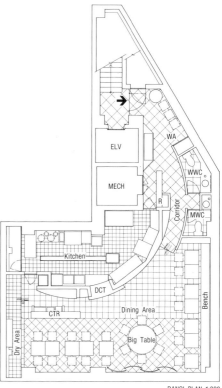

DANOI PLAN 1:200

1

設計／藤岡和雄建築デザイン研究所　藤岡和雄
協力／コーディネート　桧垣恵子
施工／窪田工務店　窪田浩司

「なつかしき家」がテーマの郊外型スペイン料理店

エスパーニャ・ミロ

愛媛県今治市喜田村732-1

Spanish Restaurant ESPAÑA MIRO

Kitamura Imabari-shi Ehime, Designer Kazuo Fujioka

1. せせらぎの流れる入り口まわり外観
View of the entry and brook
2. 階段から見た1階客席全景
1F：Interior view from the stair

●民族的なデザインを避けた内部空間

四国・今治市は，タオルの生産量では日本最大を誇っ
ている。しかし県庁所在地ではない小都市のため，ス
ペイン料理専門店はなかった。市内より南へ10分ほど
車で走った郊外地にできたこのスペイン料理店は，1
階がドリンクを主体にしたバール，2階が料理を食べさ
せるレストランという構成である。

1階の外壁はレンガ積み，2階は杉板貼り，屋根は日
本瓦葺きという和洋折衷の外観デザインは，スペイン
の民族的なデザインは避けたいというオーナーの要望
によるもの。内部は1階がスチール，ガラス，タイルな
どハードな素材を土壁と木材で柔らげたモダンな空間
であり，2階は対照的に屋根裏の木材による小屋組み
を露出した天井が空間を支配する，日本人にとっては
親しみやすいデザインとなっている。また，1階奥のロ
ングテーブルはガラスの開口部を突き破って外部に飛
びだし，テーブル内部を樋のように流れる水を庭へ導
き，やがてその水は近くの瀬戸内海へと達する。

3. 水が窓外に流れおちる1階奥のロングテーブル
   1F：Detail of the brook table
4. ホールから見た2階客席全景
   2F：Interior view from the hall

ESPAÑA MIRO

Imabari city in Shikoku Island is famous for
the biggest production of towels in Japan.
But Imabari is a rural small city and has no
prefectural government, so it did not have
even a Spanish restaurant. Situated on a
suburb ten minutes drive from the center of
the city, this project has a bar on the first
floor and a restaurant on the second floor.
The first floor exterior has a brick wall and
the second floor is covered with cedar
boards. Plus a traditional Japanese tiled roof.
This West-East mixed style was intended by
the owner who preferred to avoid common
Spanish folk style. Steel, glass, tiles, and
other hard materials were used together with
woods and soil walls as buffer elements for
the first floor interior. To show the remark-
able contrast with the first floor, the second
level exposes a roof truss construction,
which is familiar to the Japanese.
A long table in the back of the ground floor
comes out of glass wall to let the water fall
like a cascade and the water finally pours
into the Setonaikai sea.

3

2F PLAN

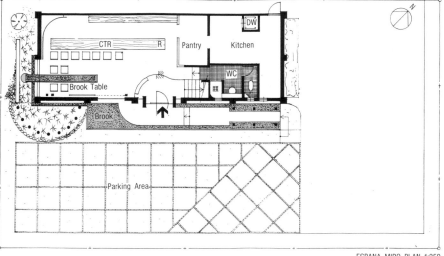

ESPANA MIRO PLAN 1:250

ベリーニ

東京都渋谷区宇田川町20-15 ヒューマックスパビリオン渋谷地下1・2階

Italian Restaurant BELLINI

Udagawa-cho Shibuya-ku Tokyo, Designer Hiroyuki Wakabayashi

1

●天井デザインにより変化をつける

東京・渋谷の一角に立つヒューマックスパビリオン渋谷は近未来の宇宙船を思わせる黒ずくめの特異な外観で人目を引き，ランドマークとしての役割を果たしている。地下3階，地上10階建てのビルの地下1・2階を占めるこのイタリア料理店は，ビルと同じ設計者の手になるが，外観とは違ったカジュアルなカリフォルニア的テーストでまとめられている。

これは，宇宙船とゴシック建築の尖塔を重合させた異様な外装の内部に入るためには，ある意味でのテンションが必要であり，中へ入ると心地良い寛ぎがあるという基本コンセプトに沿ったものである。

内部デザインの特徴は凹凸のある多様なフォルムをした天井部分で，間接照明により立体感を強調している。また，地下1階床部分の一部が八角形に抜かれ，その周囲を窓のある壁で囲むことによって地下2階の天井に吹き抜けができ，両フロアが視覚的に一体化するよう配慮されている。

BELLINI

An all black building named Humax Pavillion, a new landmark of Shibuya, stands on a corner of a street, attracting people's eye with its unusual outlook of space ship. It has three basement levels and ten upper levels and this restaurant occupies two basement levels. Both the building and the restaurant are designed by the same architect however, the latter was designed by what we call casual California style. According to the designer's concept, visitors may encourage themselves when they enter this massive and heavy Gothicky space ship building, once they are initiated, the interior should relaxes them.

Rugged ceiling is characteristic with other various formed decoration, which is emphasized by indirect lighting to show the volume. An octagonal void of the ceiling of two basement level has round windows on each side, connecting two levels and showing the unity of the total space.

設計監理／建築・内装　若林広幸建築研究所
施工／熊谷組

1. 地下1階の大テーブル席より入り口方向を見る
B1F : View of the dining area from the big table to the entry

2. 地下2階の客席Aより客席B方向を見る　B2F：View of the dining B from the dining A

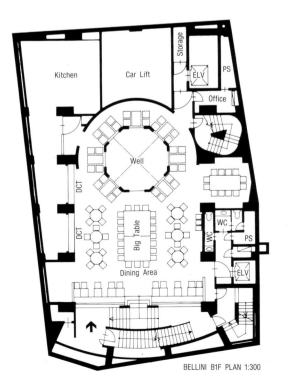

BELLINI B1F PLAN 1:300

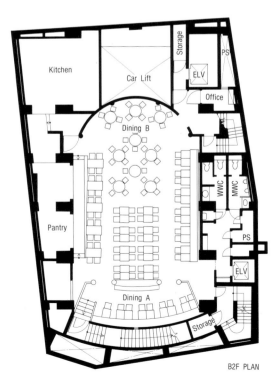

B2F PLAN

設計／アバ　斉藤孝廣
設計協力／シップス　三枝正嗣
施工／ミオ

ブティック感覚のイタリアンレストラン&バー

カ・ドーロ

大阪府大阪市中央区心斎橋筋１丁目２-２　カ・ドーロビル４階

Italian Restaurant & Bar CÁ D'ORO

Shinsaibashi-suji Chuo-ku Osaka, Designer Takahiro Saito

1. トイレへの通路から見たエントランスホール
View of the entrance hall from the water closet

●トップライトが演出する二つの顔

大阪・心斎橋の繁華街にできたこのレストランは、イタリア料理店であるにもかかわらず、イタリア風のイメージではなくてファッションショップ感覚のインテリアデザインを志向している。地下1階から3階までファッションブティックが占めるビルの4階に位置すること、経営する会社の本業が輸入服飾雑貨の卸売りであることなどが理由であり、そのため、ターゲットとしているオシャレな客層が生活の一場面として使いこなせるステージスペースがビジュアルコンセプトとされた。

内部は白の塗り壁と塗り天井の素材感をメーンに、ポイントカラーには単純色であるオレンジやブルーを配してリズム感を与え、また、昼間は掘り込み天井から差し込む自然光が空間に陰影を与えている。夜間は天井を照らす間接照明の柔らかな光が、昼間とは違った雰囲気を醸し出し、昼の顔と夜の顔という二つのステージを来客に提供している。

2. 左奥の客席Bよりバーカウンター方向を見る
   View of the bar counter from the dining B
3. 右奥のバーカウンターから見た客席B
   View of the dining B from the bar counter

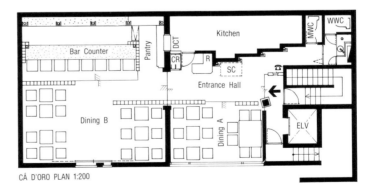

CÁ D'ORO PLAN 1:200

CÁ D'ORO

This Italian restaurant in a busy area of Shinsaibashi, Osaka, displays an interior of fashion boutique, as it is located on the top of a three story and one basement boutique complex and run by a wholesaler of imported clothing and fashion goods. The design concept is, therefore, to provide trendy shoppers with a space where they can feel themselves standing on a sort of stage and displaying themselves.

The interior walls and the ceiling are mostly painted white and blue and orange are also used as an áccent colors. During the daytime, a skylight on top of a steep tray ceiling lets the natural light in and gives shades to things in the interior and at night soft light from indirect light creates a different atmosphere. This restaurant offers double-faced stage for both night and day.

1

ワインとトスカーナ料理の高級イタリアンレストラン

エノテーカ ピンキオーリ 東京

東京都中央区銀座 5 丁目 8-20 ギンザ・コア 7 階

Ristorante ENOTECA PINCHIORRI Tokyo

Ginza Chuo-ku Tokyo, Designer Yoshiyasu Ito

総合プロデュース／ジェトファ・ザンク・オペレーターズ
設計／伊藤嘉康・五十嵐映彦建築設計事務所
協力／ビル設計監修・設備設計　協立建築設計事務所
施工／松美舎

1. メーンダイニングより個室を見る　View of the main dining area
2. 待合ラウンジより見たアプローチギャラリー　View of the gallery from the waiting lounge

2

●レスタウロによる修復の手法

このイタリア料理店の本店はフィレンツェにあり，イタリアでも評価のもっとも高いレストランの一つである。東京・銀座のビル内部に本店の雰囲気を再現することは至難の技であり，設計に際してはイタリアの建築家が歴史的建造物を修復する手法が導入された。

レスタウロとよばれる修復の手法は，古いものと新しいものを共存させるという考え方であるが，それは単に目新しい空間を古いものに付加するというのではなく，フィレンツェという都市の持っている地域的，歴史的な文化を解釈し，モダンな形態へと変えていくことが重要な作業であった。

この結果，生まれたのが待合からラウンジに至るギャラリー空間で，列柱に囲まれた細長い通路の両側はワイン庫となっており，湾曲したドーム天井の効果と相まってフィレンツェのあるトスカーナ地方の雰囲気を見事に感じさせるデザインとなっている。

3. 入り口から見た待合ラウンジとバー
View of the waiting lounge from the entry

PINCHIORRI PLAN 1:500

ENOTECA PINCHIORRI

Enoteca Pinchiorri is one of the most recognized Florence-based Italian restaurants. At first, it seemed difficult to reproduce a Florentine ambience of the head shop in this Tokyo branch located in a building in Ginza. So, the designer used restoration know-how of Italian architecture. It is called "restauro" and means co-existance of the old and the new. In this project, the designer interpreted a cultural, histrical, and geographical background information of Florence and gave it modern forms.

As a result, from a waiting area to a lounge, a colonnade gallery was created, both sides of which have wine cellars. It evokes the smell, colors, and sounds of Tuscany with the vault ceiling.

手頃な値段で料理を楽しめるイタリアンレストラン

ヴォーノ

東京都港区南青山4丁目25-12 オキシーホリベビル地下1階

Italian Restaurant BUONO

Minami-aoyama Minato-ku Tokyo, Designer Hideyasu Kuwayama

設計／クワヤマデザイン事務所　桑山秀康　白石裕昭
施工／イシマル　山下喜佐栄

1. 入り口階段から店内を見る
View of the stair from the entry

●ストライプによる空間の広がり

東京・青山はファッションの街として知られ,有名ブラン
ドのブティックが軒を並べて華やかさを競っている。この
イタリア料理店は根津美術館の裏門わきにあるファッシ
ョンビルの地下1階にあり,手頃な値段でイタリア料理
を楽しめるというコンセプトで,カジュアルな雰囲気づく
りが志向された。

デザインは,高さ4メートルの天井高と建築の半円形
壁面を十分に生かす方向で進められ,そのために壁を
上下に分割する手法が採られた。1.85メートルまでの
低い部分にはメープルの木パネルを壁から少し浮かし
て取り付け,パネルより上部にはグリーンのストライプを
配して水平的な空間の広がりと円弧を強調している。ま
た両者の境目にはオリジナルデザインのアッパーライト
を取り付け,空間にリズムを与えている。

階段の踊り場を利用した広めの入り口空間からは,店
内の客席が一望に鳥瞰でき,高い天井高を生かした伸
びやかな空間を感じとることができる。

2. アプローチ階段わきより見た客席全景
Whole view of the dining area

BUONO

Aoyama, a famous trendy area in Tokyo,
where a number of boutiques compete one
another. Located in a basement of a building
near the back gate of the Nezu Museum in
Aoyama, this Italian restaurant has a nice
and at home atmosphere to serve dishes at
reasonable prices.

The design used effectively two major
design elements: a 4 meter high ceiling and
a half circled wall. The wall was horizontally
divided. The low part (1.85m h) was covered
with maple panels with a gap in between and
the upper part was decorated with green
stripe pattern to emphasize the spacious
horizontality and the circle lane. Upper-lights
were installed between two parts to give the
space a rhythm.

Entering the entrance on a landing, you will
have an overall view of the interior and feel
comfortable to see the high ceiling.

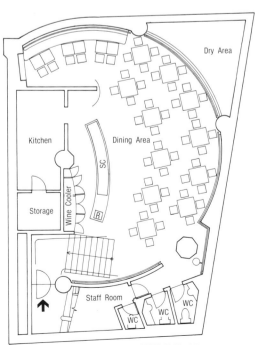

BUONO PLAN 1:200

2

1

設計／松樹事務所ドメスティック
施工／マチス・デザイン・オフィス

カジュアルな雰囲気のイタリアンレストラン

ダ・サルバトーレ

東京都渋谷区代官山14-1 セントラル代官山地下1階

Italian Restaurant DA SALVATORE

Daikanyama Shibuya-ku Tokyo, Designer Shimpei Matsuki

1. 入り口から左側のウエイティングバーを見る
View of the waiting bar from the entry
2. 客席上部に架けられた巨大な天蓋
View of the canopy and room C

3

●巨大なキャンバスとなった天蓋
東京・代官山は近年，ファッショナブルな街として発展
してきた。緑の多い閑静な高級住宅街に囲まれながら
交通の便が良く，青山，渋谷といった繁華街に近いとい
うロケーションのためであろう。表通りに面したビルの地
下1階にあるこのイタリア料理店は，平日は周囲の企
業に勤める女性客やグループ客，土曜・日曜はカップ
ル客を対象に，カジュアルな雰囲気で料理を楽しめる
レストランとして企画された。
インテリアの特徴は，空間の大きさを強調するために間
仕切りを少なくし，天井に巨大な円形の天蓋を架けて
いることである。鉄骨トラスで支えられた天蓋には設計
者によってフレスコ風の絵画が描かれ，むきだしになっ
たスケルトン天井の荒々しさを柔らげている。周囲の壁
面にも設計者が描いた多くの絵が飾られ，レリーフ的に
配された様式スタイルの柱とともにイタリア的雰囲気を
醸し出している。

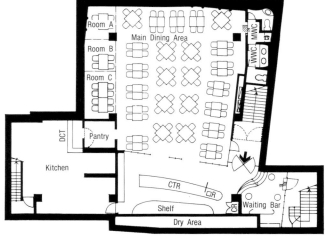

DA SALVATORE PLAN 1:250

3. カウンター側から見た客席全景
Whole view of the main dining area

DA SALVATORE
Located near a quiet residential area with
trees for the upper-class with easy access to
Aoyama and Shibuya, Daikanyama became
more and more trendy town in Tokyo. This
Italian restaurant in Daikanyama is situated
in the basement of a building facing the main
street. The target customers are working
grouped women weekdays and couples on
the weekend.
To make a space look more spacious, a few
partitions were built and a large round can-
opy was installed from the ceiling. The steel-
trussed canopy was decorated by fresco-like
painting, which diminished a tention caused
by the exposed skelton ceiling. A designer
painted and displayed many other painting
around the wall. Classical columns with relief
also help with reproducing an Italian atmo-
sphere.

スパッソ

千葉県柏市末広町1-1 柏高島屋ステーションモール8階

企画／ピロタージュ　小野光洋　角田義一
設計／エッチ・エス・デザイン・ファーム　瀬口英徳　高橋慶一　矢口ゆかり
内装／ア・ファクトリー

Ristorante Di Mare SPASSO

Suehiro-cho Kashiwa-shi Chiba

Designer Hidenori Seguchi

1. ビルのパブリック通路からカフェコーナーを見る
View of the café corner from the public corridor

1

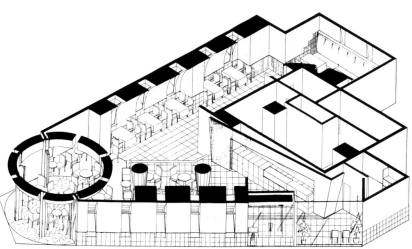

● パブリック空間と一体化したデザイン

千葉・柏市は東京のベッドタウンとして発展してきた街
である。衛星都市の常として，商業の中心は百貨店を
包含した巨大な駅ビルであり，7・8階が26の店舗を
持つレストランフロアとなっている。

このイタリアンレストランは8階の多目的ホールと市民
ギャラリーに面しており，しかも二方向をパブリック通路
に挟まれているため，ファサードに特別な工夫がこらさ
れている。三角形の形状をした平面の突端部分に配さ
れたロトンダとよばれる円筒形の客席スペースは，通路
に面した前面を折りたたみ戸で覆われているが，昼間
はすべて開放されてカフェテラスのような親しみやすい
空間となり，また夜間は閉められることによってレストラ
ンらしい落ち着いた雰囲気となる。

内部空間は，木材としっくいと石材を使うことによってオ
ーソドックスではあるが，リラックスした気分で食事がで
きる空間にまとめられている。

2. カフェコーナーより客席A方向を見る
View of the dining A from the café

SPASSO

As is often case with this kind of bedroom
town, Kashiwa city, Chiba has a big station
building including the central commercial
complex for the local shoppers. The seventh
and eighth floor of the building has 26 res-
taurants.

This Italian restaurant on the eighth floor,
facing a multi-purpose hall and a community
gallery, has a devised facade. At the sharp
corner of triangular site, there is a rotunda
dining area which has a holding screens
between columns to be closed at night and
open in the daytime to create a suitable
feelings.

Wood, plaster, stone were used in a normal
way for customers to feel at home and enjoy
food.

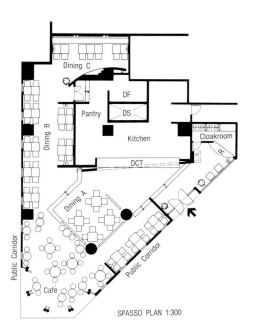

SPASSO PLAN 1:300

2

リブレ 多摩

東京都多摩市諏訪6丁目1

Restaurant LIBRE Tama

Suwa Tama-shi Tokyo, Designer Kazumasa Yamashita

設計／山下和正建築研究所
協力／構造　神崎構造設計室　給排水・衛生　内山技術士事務所
　　　電気　田口電気設備研究所　造園　鈴木昌道造園研究所
施工／古久根建設

1. 吹き抜けを通して2階より1階客席を見る　View of the dining area from the 2nd floor
2. 客席よりドーム天井を見る　View of the dome from the dining area

1

2

●ドームによるシンボリックな外観

多摩ニュータウンは、東京郊外の丘陵地帯を開発したもので、現在では人口15万人を超える住宅地域に成長した。この郊外型レストランは多摩ニュータウンの南端を走る幹線道路の交差点にあり、敷地は5000㎡の広さを持つ。土地を持っていた公団からの譲渡に際して、地域のランドマークとなるような建築にすることが強く要望され、それが設計のコンセプトとなった。

18メートルの高さを持つ半球形ドームはスペースフレームで構成され、金属製の軽いシェルターで覆われている。半球形の屋根から明かり採りのためイガ栗のように突き出した数多くの三角錐のガラス窓と、道路側に面した部分が垂直に断ち切られた外観は、車で通行す

る人々の印象に強く残るフォルムである。

内部空間は金色に輝くシンボリックな六本の柱を中心に、建物の外形に沿って半円形の弧を描いて客席が配置され、また窓の外には駐車場が見えないように土手で囲まれた庭がつくられている。

LIBRE

Born as a colossal apartment complex ward in a suburb of Tokyo, Tama New Town was grown to have 150,000 population. This restaurant, on the crossing point of a trunk road running the south of this Tama bedroom town, has 5,000m² site. A public corporation, the ex-owner of the land, eagerly asked a

landlord to built an architecture which can be a landmark and a designer considered it as a part of his design concept.

Constructed by frames, a huge half dome was covered with light metal shell. Steep triangular pyramid skylights look to jut out from the dome surface, together with a half circle front opening, attract drivers' attention. In the interior, six symbolic golden columns are centered and arc seats surround them. A bank separates a parking lot from the dome not to be seen by the audience.

3

3. 夕陽に浮かぶ西北側外観
View of the facade from northwest side

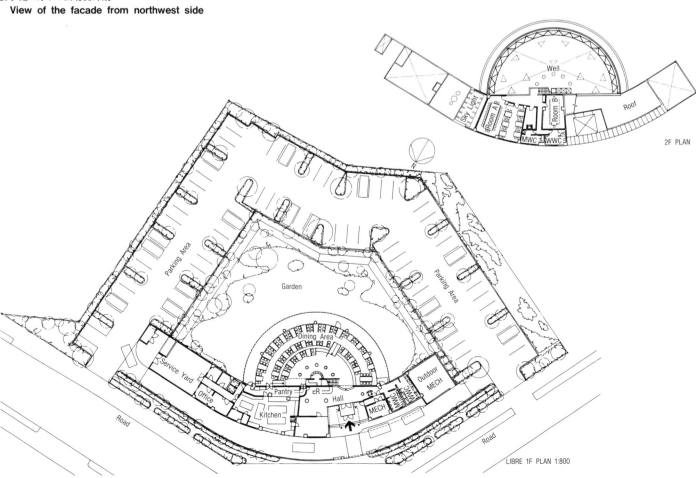

2F PLAN

LIBRE 1F PLAN 1:800

ETHNIC RESTAURANTS

ジアス	48	THE EARTH
エル・モカンボ	52	EL MOCAMBO
フェスタパレス	55	FIESTA PALACE
別人倶楽部	58	BETSUJIN CLUB
カサバ	62	KASABA
カマール	65	KAMAL
ガンガーパレス	68	GANGA PALACE
ポピーズ	71	POPPIES
アリーズ マカン	74	ARIS MAKAN
ファー イースト クラブ	77	FAR EAST CLUB
極楽食堂	80	GOKURAKU SHOKUDO
貘	83	BAKU
然	86	ZEN
パクーン	89	PACOON
クン ポ:	92	KUN PO:
エラワン	96	ERAWAN
イートバー	100	EAT BAR

ジアス

東京都港区東新橋 1 丁目 5 - 5

Brazilian Restaurant THE EARTH

Higashi-shinbashi Minato-ku Tokyo
Designer Tsutomu Ushidate

企画／メガヘルツ　坂井直樹
設計／インタースペースタイム
　　　牛建 務　アレックス・ソトー
協力／照明　海藤春樹　オブジェ　フレッド・ホープ
　　　建築申請　スパイス
施工／建築　丹青社　内装　丹青社　日創工芸

●強烈な原始の感情を表現

日本ではビール生産が寡占状態で，数少ない大メーカーが次々と新しい銘柄を発売し，激しい競争を繰り広げてきた。セールスプロモーションのために様々なイベントを催すことも珍しくないが，このブラジル料理店もそのような目的で造られた期間限定の仮設店舗である。店名と同じ名前のビールが 4 月 20 日のアースデイ（地球環境の日）に発売されることから，コンセプトは "地球と五感を通して体感できるアミューズメントスペース" とされ，それにそって空間デザインが展開された。東京・新橋駅前の JR 遊休地にできた半球形のキャンバス張りドームの外観は，地球が半分だけ地中に埋まったフォルムを表現しており，内部は南米のどこと特定できない場所という設定である。

中央には，熱帯植物林の中に未来からの UFO が不時着したかのような，ビール醸造機をモチーフとした巨大なアートオブジェがそそり立ち，その前面に設けられたステージからはライブバンドの演奏により軽快な南米音楽のリズムが流れる。

1. 中央のアートオブジェ上部から見た客席 C
   View of the art object to the seatings C

THE EARTH

The Japanese beer market is oligopolistic and limited big manufacturer constantly produce new brands and they repeat serious competition every season.

Beer companies resort to various ways for the promotion plans : performances, events, etc. and this Brazilian restaurant is among them. It was temporary and run during limited period.

Named after a new beer brand sold on the 20th of April "The Earth Day", the restaurant proclamed a concept of "an amusement space to feel the Earth". The site is a JR's idle land in front of JR Shinbashi station, Tokyo. The half-burried-shaped canvas dome represents the Earth and the interior expresses somewhere in the South America. A gigantic UFO-shaped brewery boiler salvage art looms in the center of tropical jungle and it has a stage on which bands plays Latin music.

2. 待合側よりビール醸造機をイメージしたアートオブジェ上部を見る
   View of the art object from the waiting area
3. アートオブジェ上部から見たステージ
   View of the stage from the art object

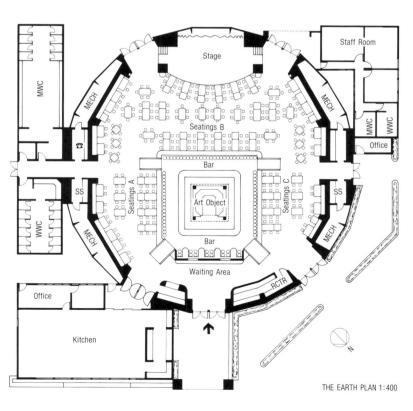

THE EARTH PLAN 1:400

エル モカンボ

東京都港区西麻布1丁目4-38 千蔵ビル地下1階

Mexican Restaurant
EL MOCAMBO

Nishi-azabu Minato-ku Tokyo
Designer Toshihito Okura

企画／吉野信吾
設計／往蔵稲史仁＋T＆Oスタジオ
施工／浪岡工務店

EL MOCAMBO PLAN 1:250

1. 客席Bより左奥の客席C方向を見る
View from the dining B to the dining C

2

●空間エレメントとして独立した色彩
メキシコはラテンの気質と土着のインディオが融合した独特の文化を持っており, また, 強烈な太陽の光とサボテンの国としても知られている。東京・西麻布のビル地下にできたこのレストランは, メキシコの伝統的デザインや民芸品などを使って雰囲気をつくりだすのではなく, 壁面構成と色彩によって中南米の地域性を演出しているのがデザインの特徴である。
ビルのドライエリアに面した内部空間の壁面とスクリーンは, 四角の巨大なレリーフを貼り合わせた単純なフォルムをしており, その一枚一枚が原色に近いけれど微妙に違う色彩に塗り分けられている。設計者はデザインの意図について, 無造作に見える壁面構成に色彩を

与えることによってスケール感を増幅させ, 色彩自体が空間エレメントとして自立することを狙ったということである。なお, 色を塗る作業は専門業者に依頼したのではなく, 企画者や店のスタッフが楽しみながら行った。

2. バーコーナー側から見た客席A全景
View of the dining A from the bar corner

EL MOCAMBO
Mixed by European or Latin with native Indian characters, Mexican culture is unique and symbolized as strong sunshine and cacti. Located in a basement of a building in Roppongi, Tokyo, this Mexican restaurant,

not using traditional design nor folk arts, expresses Mexican atmosphere with composition of walls and the colors.
A wall and a screen in front of the dry area has a simple form consisting of square reliefs, which are colored differently and subtlely in primary colors one by one. A designer aimed to re-vitalize blank walls with brilliant colors to make them look wider and emphasized each colors differently as design elements. Coloring was done not by painter but the restaurant staff, who really enjoyed it.

フェスタパレス

神奈川県横浜市中区本牧原12-1　マイカル本牧五番街4階

Mexican Restaurant FIESTA PALACE

Honmokuhara Naka-ku Yokohama, Designer Tadayuki Tomita

1. ビル通路から見た入り口まわり外観
View of the entry from the public corridor

●フェイクでないプリミティブな空間

横浜・本牧の米軍キャンプ跡にできたマイカル本牧は,
高層住宅群と一体化した巨大なショッピングセンターで
ある。スパニッシュコロニアルスタイルの外観を持つ五
棟の建物は2階レベルでペデストリアンデッキにより連
結され,その五番街の4階・レストランフロアにこのメキ
シコ料理店は位置する。

インテリアの特徴は,店の中にメキシコの街並みを再現
していることで,入り口から奥へと延びる細長い路地風
の通路は塗り壁で構成され,その両側に客席が配され
ている。スパニッシュスタイルの通路と客席はブラウン,
サンドイエロー,ラスティレッド,モスグリーンの微妙な色
彩感覚でコーディネートされ,フェイクでない本物の味
を出すために床のタイルや家具類はメキシコから直接
に輸入されている。

フェスタ(祝祭日)のように多くの人が集まり混雑するマ
イカル本牧の土曜・日曜などの休日には,この店も満
席になり,多くの人々がメキシコの雰囲気と料理を楽し
むのである。

2. 客席Bより見た奥の客席C
View of the dining C from the dining B
3. 店内奥の客席Bより入り口へ続く路地風の通路
View of the corridor from the dining B

FIESTA PALACE PLAN 1:200

FIESTA PALACE
The Mycal Honmoku is a big shopping mall
comprising a high rise residence was built in
the former site of U.S. military camp in
Honmoku, Yokohama. Spanish colonial style
five buildings are connected by the second
floor pedestrian deck. This Mexican restau-
rant is situated on the 4th restaurant floor of
the 5th building of the mall.
The interior represents a street scape of a
Mexican town. A long alley-like corridor,
sandwiched by plaster walls on bothsides,
runs from the entrance to the back. Nicely
colored by subtle colors like brown, sand
yellow, rusty red, moss green, seats were
positioned on both sides of the Spanish
style passage. The floor tiles and furniture
are imported from Mexico to create the real
feeling not using quasi real materials.
In Mycal Honmoku, many people gather
every Saturdays and Sundays as they enjoy
festivals and the restaurant are full by Mex-
ican food lovers.

別人倶楽部

大阪府大阪市天王寺区悲田院町 4 -14

Morocco Style Restaurant
BETSUJIN CLUB

Hidain-cho Tennoji-ku Osaka
Designer Taro Aoyama

設計／成美工芸　青山太郎　谷　章子
施工／成美工芸

●変形敷地がデザインを決定
中庭を取り囲む形で建物を配し，外壁は城砦のように
閉鎖的であるが，内部空間は中庭に面して開放的に
開かれているという建築のスタイルは，地中海沿岸に
多く見られる。大阪・天王寺駅から 1 分の場所にある
このモロッコ風レストランは，間口が狭く，奥に10メート
ル以上はいったところで両側に広がるという変形の敷
地を生かすために，デザインが決定され，営業内容も決
められていった。
外装はアフリカの素朴で土の匂いのするサンドカラー
で仕上げられ，入り口から細長い路地を入った突き当
たりにパティオが開ける。パティオの周囲にはイスラム
風のアーチを持つ回廊が配され，中央には噴水と小川
が設けられて，せせらぎの水音が快い自然のリズムを
かなでる。
白いシックイ風の塗り壁と天井で仕上げられた内部空
間にはイスラム風のアーチが縦横に走り，入り口わきの
塔状の客席空間にはタイルによってモスク風の装飾が
施され，店名のように来客を別世界へと運んでくれる。

1. 噴水のあるモロッコ風の中庭をレジ側より見る
View of the corridor and courtyard

BETSUJIN CLUB
Like a small Mediterranean castle surround-
ed by solid walls, this building has a patio.
This Moroccan restaurant is located one
minute walk from Tennoji station, Osaka. It
has a small entrance, a 10m corridor, and a
dining area in the back. The design and
concept was to make most of this narrow
space.
The exterior is painted African sand color
and the dining area is designed like a patio,
which is surrounded by colonnade with Is-
lamic arches. In the center of the patio, there
are a fountain and waterways murmuring a
comfortable water sound.
White stucco walls and the ceiling, repeated
Islamic arches, a tower-like dining area near
the entrance with decoration tiles, all these
elements make you feel like in another
world.

1

2

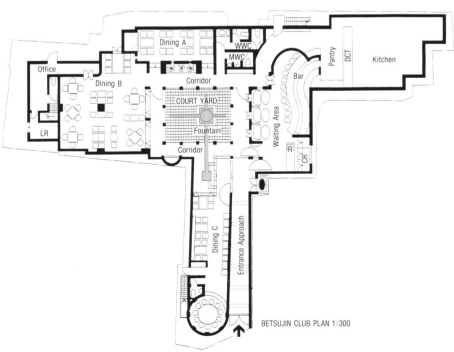

BETSUJIN CLUB PLAN 1:300

2. 中庭を取り囲む形で配された客席Bの内部　Interior view of the dining B
3. 客席Cの道路側に面して設けられたドーム席　The dome of the dining C

1

洞窟スタイルの中近東料理レストラン

カサバ

東京都港区西麻布1丁目7-11 カスミハイツ地下1階

Arabian Restaurant KASABA

Nishi-azabu Minato-ku Tokyo
Designer Shuji Suzuki

設計／サイプランニング　鈴木修司　市橋良予
協力／ブレーブB・荒井　エフ・ルデキ
　　　アップセットファクトリー
施工／ニシオ企画

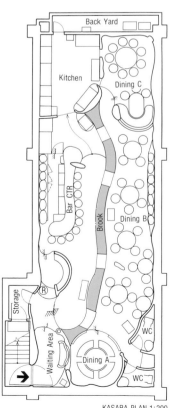

KASABA PLAN 1:200

●カッパドキアをイメージした幻想空間

東京・西麻布にできたこのレストランは，アラブ諸国，イスラム圏内の料理を主なメニューとしている。一口に中近東料理といってもヨーロッパに一番近いトルコからエジプト，イラン，イラク，そしてチュニジア，モロッコがある北アフリカまでの広い地域で培われたものであるが，デザインのモチーフとして取り上げられたのはトルコのカッパドキアである。

カッパドキアは火山の大噴火によってできた大規模な火山地形であり，樹木状の岩が林立し，赤茶色や桃色，白や褐色などの縞模様の地層を露出した台地である。この地帯をイメージした店内は石灰岩で造作されたキノコ状の岩や，塗り壁によって洞窟スタイルの空間となっており，バッファローの歯列を形どった壁面の巨大な光るオブジェと相まって異様な雰囲気を現出させている。また，入り口から奥まで流れる小川は，ターキッシュブルーに彩られた川のほとりにある古い岩窟の町をメタファーとしている。

62

1. カッパドキアの洞窟をイメージした客席空間
Interior view from the dining A

KASABA
This restaurant in Nishi-azabu, Tokyo, mostly serves you Arabian or Islamic foods. Middle East covers Turkey (the nearest to Europe), Egypt, Iran, Iraq, Tunisia, Morocco, and some nothern African countries. This restaurant selected Cappadocia in Turkey as an conceptual design theme.

Cappadocia was created by a large scale eruption of a volcano. A forest of tree-shaped rocks stands, and pink, white, brown, and reddish brown soils are exposed, mixing and making a stripe patterns sometimes each other, on the plateau. Using those strange scenic images of Cappadocia, the interior of this restaurant has a mushroom form limestone rocks and stucco walls to make a cave-like space. Besides on the wall, a lighting object designed upon a line of Buffalo teeth helps to create an unusual atmosphere. From the entrance to the back, a small stream runs as a Leitmotif of an underground town of caves of near a Turkish blue river.

2. 店内を流れる小川から客席A方向を見る　View from the dining B to the dining A

カマール

兵庫県神戸市東灘区本山北町1-7 シルクロードガーデン2階

Indian Restaurant KAMAL

Motoyamakita-cho Higashinada-ku Kobe
Designer Atsuhiko Hisakida

設計／布谷　久木田厚彦
施工／オカモトケンソー

1. レジ側より店内左側の客席A方向を見る
   View of the dining A from the corridor

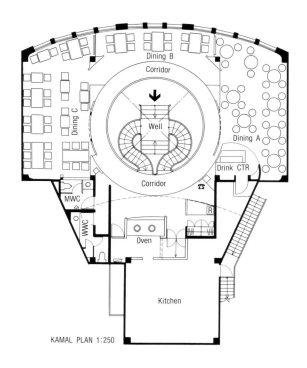

KAMAL PLAN 1:250

1

●店名を象徴する蓮の花のステンドグラス

カレーライスは日本でもっとも親しまれているインド料理であり、子供の好きな家庭料理の一つとなっている。しかし、カレーライス以外の料理はあまり知られておらず、インド料理店も少ない。神戸市と芦屋市の中間にあるショッピングビルの2階にできたこのインドレストランは、インド料理の辛い味を日本風のマイルドなものにするためクリームやバターで味付けしているのがメニュー上の特徴である。

デザインのコンセプトは、インドが日本にもたらした仏教、そして仏教が伝来してきた道筋であるシルクロード、および仏教を象徴するものとしての蓮の三つであるが、それぞれが過度にデザイン性を主張するのではなく、それらを比喩した形でシンプルに構成されている。1階階段上部の高さ6メートルの円形吹き抜けを取り囲んだ店内で、もっとも目立つのは、店名となっているヒンドゥ語の蓮を意味するカマールの花をモチーフとしたステンドグラスである。

2. 蓮の花のステンドグラスがある吹き抜けの天井
View of the dining B from the corridor

KAMAL

Curry and rice is one of the most popular Indian foods in Japan and kids' favorite dish at home. Other Indian food, however, is generally unfamiliar to ordinary Japanese people. Indian restaurants are not so many in this country. This Indian restaurant is located in a shopping mall between Kobe city and Osaka city and the characteristic menu includes milder foods using cream and butter for the Japanese taste.

The design concept is based upon images of Buddhism as an Indian religion and the Silk Road which introduced Buddhism to Japan, and lotus symborizing Buddhism.

Those images are moderately fused and used in simple ways to express metaphorical design. A circle stairwell between the first and second floor nicely corresponds to a round stained glass on the 6m high ceiling. The stained glass is the most impressive part of the interior and represents a flower of kamal ("lotus" in Hindu).

ガンガーパレス

東京都港区六本木7丁目4-8 ウィンドビル地下1階

Indian Restaurant
GANGA PALACE

Roppongi Minato-ku Tokyo
Designer Hidenori Seguchi

企画／ピロタージュ　小野光洋　ジミー加藤
設計／エッチエスデザインファーム
　　　瀬口英徳　高橋慶一
フードコーディネーション／マリア・モーガン
アートワーク／川越 悟
施工／ア・ファクトリー

●ブリティッシュ・インディア様式の空間
従来はインド料理といえば，インド・イスラム風のインテリアにターバンを巻いた民族服に身を固めたウエーターがサービスするというワンパターンのレストランがほとんどであった。東京・六本木のビル地下にできたこのインド料理店は，ブリティッシュ・インディア様式を採り入れたデザインを持ち，またインド政府観光局やインド航空の協力を得て，エグゼクティブクラスの利用に耐えうる本場の味の提供を目指している。
ブリティッシュ・インディア様式とは，英国統治下で王侯たちが古来のインディア様式とブリティッシュ様式を融合させたもので，この様式を，モダニズムを基に如何に表現するかがデザインコンセプトであった。
内部空間は，地下1階の外階段，エントランスからブリッジ，さらにダイニングスペース，ニッチコーナー，ラウンジというぐあいに床レベルを変化させながら分節化し，しかも，ゆるやかに関連づけつつ空間の広がりを妨げないようなデザインが成されているのが特徴である。

1. 右奥コーナーの客席B
View from the dining B to the bar

GANGA PALACE
In common Indian restaurants in Japan, the interior is designed in Indian/Islamic way and waiters serve dressed in ethnic wear including turbans, for example. This Indian restaurant, in a basement of a building in Roppongi, Tokyo, used the British-Indian style and intend to give specially cooked foods suitable for even gourmet executives, supported by Indian tourist bureau and Air-India.
British-Indian is a style developed by Indian maharajas and aristocrats during the British colonial era, combining traditional Indian style and British style. The design concept of this restaurant is to use the style by modernism grammar.
In the interior, stairs in a basement level, entrance, bridge, dining area, niches, lounge were designed to accentuate each character and were connected one another to broaden visitors' views.

1

2

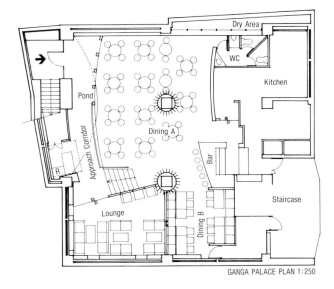

Dry Area

WC

Kitchen

Pond

Dining A

Approach Corridor

R

Bar

Staircase

Lounge

Dining B

GANGA PALACE PLAN 1:250

2. 中央の客席Aよりラウンジ方向を見る **View from the dining A to the lounge**

設計／ボーイ・カンパニー 金山正一 西畑雅央 山田剛志
施工／丹青社

ポピーズ

大阪府大阪市北区堂山町６丁目１ 弁天パートⅢビル３・４階

Bali Restaurant Bar POPPIES

Doyama-cho Kita-ku Osaka, Designer Shoichi Kanayama

1. キノコのオブジェが配された3階レストラン客席A
3F：View of the dining A from the waiting bar

●無意識と意識の世界の対比
バリ島はインドネシア南部にある火山島で，観光地として多くの人々が訪れるリゾート地帯として知られている。ヒンドゥー教と土着宗教の融合した独自の宗教を持ち，また文化的にも固有の文化と言語が存在する。
大阪・キタの繁華街にあって，もっともアジア的な一角にできたこのレスラン＆バーは，バリ島のスタイルがデザインと料理へ全面的に導入されている。3階レストランフロアはバリ島の村にある中庭をイメージし，独特の文様を施された二対の門やキノコのオブジェが配され，モノノケの充満する夜道を表現している。また，4階バーフロアは天井に悪の化身である大蛇のオブジェ，壁に喜怒哀楽を表す人間のお面を取り付け，バリの空気，色彩，匂いなどを強調している。
3階レストランフロアと4階バーフロアのモチーフを変

え，表現することによって，バリ島における無意識と意識の世界を対比しているのが，この店のデザインの特徴である。

2. 入り口側から見た4階バー客席全景
 4F：Whole view of the bar floor
3. バリ島独自の文様を持つ3階客席のゲート
 3F：View of the dining B from the gate

POPPIES
Bali, a famous world resort on volcanic island of Indonesia, has a unique culture, language, and mixed religion of Hinduism and native religion.
This restaurant & bar, located in a sort of

Asian ethnic area of busy downtown, Kita, Osaka, has the sheer Bali interior and serves real Bali food. The third floor for dining was designed upon a image of a court of village house with a pair of gate sculpturally decorated by folk art and mushroom objects to represent a mood of a dark night road filled with evil spirits. The bar on the fourth floor is decorated with various things from Bali. On the ceiling,a big snake (an incarnation of the evil) is crawling and on walls four masques express anger, joy, sadness and happiness. This interior conjures up a mysterious Bali feeling.
Two levels have different concept to contrast between consciousness and unconsciousness of spiritual world of Bali.

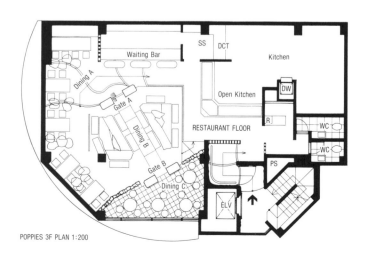

POPPIES 3F PLAN 1:200

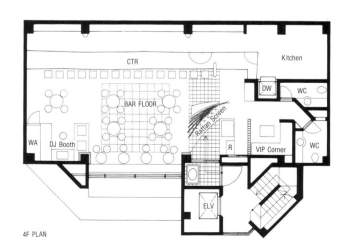

4F PLAN

アリーズ マカン

東京都港区南青山6丁目2-2 南青山ホームズ地下1階

Polynesian Restaurant
ARIS MAKAN

Minami-aoyama Minato-ku Tokyo
Designer Ayers Rock Enterprise

設計／エアーズロック・エンタープライズ
協力／セブンハーフ・アソシエイツ　中村光伸
施工／丹青社

●南の島のリゾートホテルがモチーフ
店名のアリーズはポリネシア語で貴族階級，マカンは
マレーシア語で食事をする場所という意味である。東
京・青山のビル地下にできたこのレストランは，南太平
洋に浮かぶどこか小さな島のリゾートホテルで，ディナ
ーを味わう気分を店のコンセプトとしている。
デザインは，西洋の一般的な様式とラタンパネルなど
南国特有の素材，および熱帯を思わせる植栽を組み
合わせ，かつてヨーロッパ諸国の占領下にあったポリネ
シア諸島のイメージを演出している。500㎡の広さを持
つ店内は，ウエイティングコーナー，レフトウイングのダ
イニングA，ライトウイングのダイニングB，さらにその奥
のプライベートなVIPコーナーに分かれ，広い客層に対
応できるよう工夫されている。
また，演出効果を高めるために天井からの光を極力お
さえて卓上ランプの光をポイントとし，すべてに関して過
度な造作は避け，来客が寛げて，疲れずに時間を過ご
せるような配慮がなされている。

1. バーコーナーより見た待合スペース全景
   View of the waiting area from the bar

ARIS MAKAN
In Polynesian, "ARIS" means arstocrats and
in Malaysian "MAKAN" means a place to
eat. The concept of this restaurant, in a
basement of a building in Aoyama, Tokyo, is
to dine at a small resort island in the South
Pasific.
An atmosphere of an old Polynesia occupied
by European countries was realized by using
rattan panels, tropical wood, and plants.
Within a 500㎡ project site, there are a
waiting area, a dining area (A) on the left,
another dining area (B) on the right, and a
V.I.P.room in the back, targeting a wide
range of customers.
Direct lighting on the ceiling was restricted
to make full use of table lamps. Every kind of
over-decorated elements were avoided for
customers to relax.

1

2

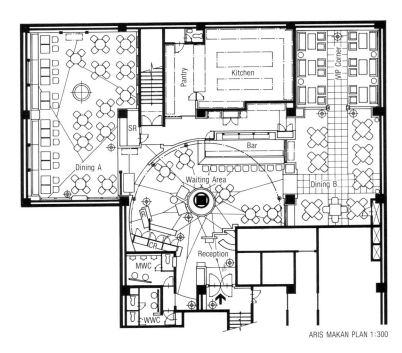

ARIS MAKAN PLAN 1:300

2. ライトウイングの客席Bより奥のVIPコーナー方向を見る
View from the dining B to the VIP corner

シンボリックな外観のタイ宮庭料理レストラン

ファー イースト クラブ
愛知県名古屋市中区丸の内 3 丁目 6 -19

Asian Ethnic Restaurant
FAR EAST CLUB
Marunouchi Naka-ku Nagoya
Designer Tetsuya Shinpo

プロデュース／ノモス　吉川宏一
設計／アトリエ新保哲也
構造　高瀬構造設計室
照明　ウシオスペックス
設計協力／ノモス建築研究室・名古屋
施工／岩本建設

1. 南東側より見た正面外観夜景
Night view of the southeast side facade

1

●吹き抜け空間を連結するブリッジ状デッキ

名古屋は日本でも道路幅の広い都市として知られている。このレストランが面している通りも幅100メートルの広さを持ち，市内の中心地・テレビ塔と官庁街を貫いている。

このような目立つ場所に立地しているため，建築はコンベンションシティを目指す名古屋にふさわしいシンボリックでインターナショナルな形態が望まれた。外周を32本の柱に支えられた大屋根は壁から切り離され，空中を浮遊しているかのような印象を与える。特に夜間はライトアップされた光によって，建築は一個のオブジェのような存在となっている。

１階がカフェレストラン，２階がタイの宮廷料理店という構成の内部空間を特徴づけているのは，１階上部吹き抜け空間を入り口から奥まで縦貫する長大なブリッジ状のデッキである。２本の鉄骨柱からワイヤーで吊られたデッキは，移行装置として１階と２階の空間相互の知覚を容易にし，連結をスムーズにするとともに外界空間へと視線をいざなう。

2. 入り口階段から2階客席へ延びるデッキ
   View of the deck from the entry
3. 入り口側から見た1階客席全景
   View of the 1st floor from the entry

FAR EAST CLUB
Nagoya city is famous for its wide roads among other Japanese cities whose road are usually jammed with cars and pedestrians. In front of this restaurant, a 100m wide road runs through a governmental office quarter and T.V. tower in the center of the city.

Considering this location of a restaurant project, an architect was required to create monumental and international style, which eventually suitable for Nagoya city, a future "convention city". Thirty-two columns of a big roof was separated from walls, giving viewers an impression of floating roof. Lighted up at night, the building looks like a massive artistic object as a whole.

The first floor is a cafe & restaurant and the second a Thai court cuisine restaurant. To emphasize the difference of two levels, above the first floor a long big deck bridges two space, leading customers from the entrance to the second level. Wires of two steel poles support the deck and accentuate two different space and a void inside the building.

2

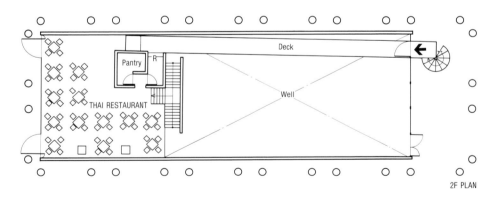

2F PLAN

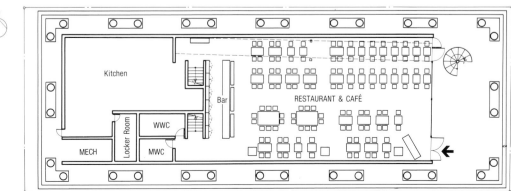

FAR EAST CLUB IF PLAN 1:300

プロデュース／スペースプロジェクト　難波光太郎
ディレクション・設計／アイ.ディ.フォーメイション　石井大平　安河内尚秀
協力／コーディネーション　アキ クリエイティブ　小林明代
施工／スペースデザイン研究所

アジアをテーマとしたエスニック居酒屋

極楽食堂

福岡県福岡市中央区舞鶴１丁目８-26 マリアハウス７号館２・中３階

Asian Dining Bar
GOKURAKU SHOKUDO

Maizuru Chuo-ku Fukuoka
Designer Daihei Ishii

1. 塗り分けられた列柱と梁で構成された2階客席C
2F：View from the dining C to the lavatory
2. 池に浮かぶポリネシア風デザインの2階客席B
2F：View of the room B from the entry

●各コーナーごとに各国の雰囲気を創出

九州・福岡は海峡を介して朝鮮半島に面しているため，歴史的に東南アジアへの玄関口として機能してきた。福岡の繁華街・天神にできた飲食ビルの2階と中3階を占めるこのレストランバーは，アジアへの地域的な親近感を背景に，アジアをテーマとした肩のこらないエスニック居酒屋として企画された。

中央の大きな吹き抜けを取り囲んだ客席は，タイ，インドネシア，ベトナム，香港等をモチーフとした各コーナーに分かれ，それぞれが各国のイメージを表現したデザインとなっている。たとえば，2階入り口わきのキャッシャー背後に配された客室AとBはポリネシア風のデザインで池の上に浮かび，内部壁面は水槽で構成されている。また各コーナーに置かれている装飾備品は，バンコク，チェンマイ，ジャカルタ，香港などの現地で買い付けられたもので，これらによるコーディネーションが店内の雰囲気を，よりいっそうエスニックなものとしている。

GOKURAKU SHOKUDO

Near the Korean peninsula, Fukuoka of Kyushu island used to play a historical role of a door to the Southeast Asia. Located on the second and the third levels of a building in Tenjin a downtown in Fukuoka, this restaurant is designed as a free style izakaya bar, showing a intimate Asian ethnic feeling. Around the central void there are dining areas adopting styles of Thai, Indonesia, Vietnam, etc. Both dining (A) and (B) behind a cashier were designed in Polynesian style and constructed on the water. Various folk art works imported from Bangkok, Chiang Mai, Jakarta decorate each area to evoke ethnic atmosphere.

1

2

3. 吹き抜けごしに見た3階客席Hと2階客席D
View of the sitting floor H and dining D

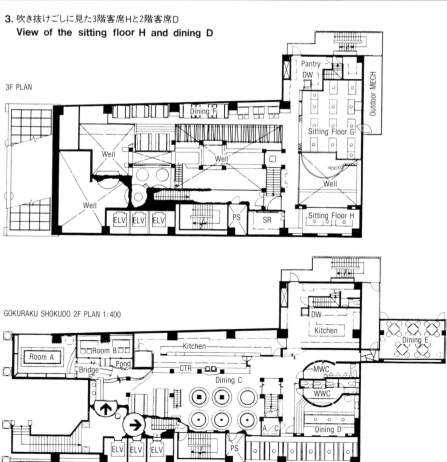

3F PLAN

GOKURAKU SHOKUDO 2F PLAN 1:400

貘

東京都豊島区西池袋５丁目１-３　メトロシティ西池袋２階

Asian Ethnic Restaurant BAKU

Nishi-ikebukuro Toshima-ku Tokyo, Designer Toshihito Okura

1. 東南アジアの市場のように雑然としたレジから店内へ至る通路
View of the corridor from the cashier

1

Asian Ethnic Restaurant BAKU

Nishi-ikebukuro Toshima-ku Tokyo, Designer Toshihito Okura

2

●人工と自然が雑然と一体化した空間

世界の国々のビールとエスニック料理を東南アジアの
マーケット的雰囲気で提供するというのが、この店のコ
ンセプトである。しかし、マーケットといっても自然発生的
な市場ではなく、メッシュのビニルクロス、穴あきコンク
リートブロック、むき出しにされた空調ダクトなど人工的
でチープな素材が、木や石などの自然材と混然一体と
なった無秩序でカオスのような空間である。

食材が雑然と積み上げられた入り口通路を通り抜けた
場所がメーンの客席Aで、その左右にカウンター席と
穴あきコンクリートブロックで仕切られた客席が配され
ている。さらにその奥は細長い客席Bと個室という空
間構成であるが、各コーナーは全体としての調和は考
えられておらず、各々に独立した空間としての主張が結
果として、全体に混沌とした装飾性を生み出している。

出稼ぎの外国人労働者が多く、アカ抜けしないイメージ
の東京・池袋という盛り場にふさわしい、猥雑でたくま
しく、活気のある空間がここにはある。

2. 入り口通路側から見た中央の客席A全景
View of the dining A from the entry side

BAKU

Serving world beer and ethnic food in a
atmosphere of Asian market. This markets
composed of chaotic and disordered spatial
design. Mixed with natural material (wood,
stone, etc.), artificial and cheap elements
(meshes of vinyl cloth, concrete blocks,
exposed air ducts) were used.

Going through a entrance passage with
stacks of food, you will find the main dining
area (A). On both side of (A), there are a
counter and a dining area whose partitions
are punched concrete blocks and in the
back dining area (B) is located. Each area is
independent and designed differently and
makes the whole interior space chaotic as it
was intended.

Suitable for the unrefined site of downtown
Ikebukuro full of migrant workers, this res-
taurant is squalid, tough, and vigorous.

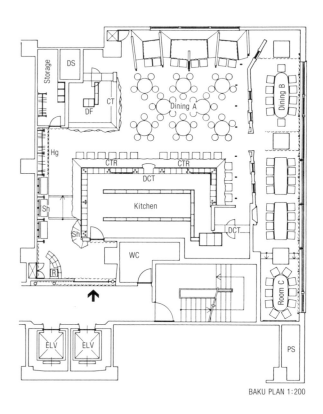

BAKU PLAN 1:200

大皿料理が並ぶ市場感覚のエスニックレストラン

然

兵庫県神戸市中央区中山手通 2 丁目 1-13 ニューサンコービル 2 階

Asian Ethnic Restaurant ZEN

Nakayamate-dori Chuo-ku Kobe, Designer Masanori Honda

企画設計／ゼン・コンセントレイション　本多正典
実施設計／インテリア照栄　森本　昭
施工／空間工房　都

1. 入り口側から見た客席全景。奥に見えるのは大皿料理カウンター
Whole view of the dining area from the entry

2

●市場を表現した大皿カウンター

市場は，東南アジアや中近東の都市になくてはならないものであり，民衆の生活や活動，味がそこから生まれてくる。日本の代表的な港町・神戸にできたこのレストランは，市場をテーマに世界の国々のエスニック料理を提供する店として企画された。

店内のデザインは特定の国を想定したものではなく，東南アジアや中近東の市場のイメージをパーツとして組み合わせ，エスニックな雰囲気を演出している。ただ，素材に関しては店名の意味する"ありのまま"という言葉どおり，人工的なものは排し，天然の土，木，鉄など自然に風化していくものが使用されている。入り口から奥の大皿カウンターへと続く壁側の通路は客席より一段と高くされ，パーティションによらないで空間を仕切るとともに，市場への路地を表現している。

来客の90％を占める20代の女性たちは，大皿カウンターに並んだ各国料理を小皿に取り，ビールを飲みながら一刻の異国情緒を楽しむ。

2. 客席中央の大テーブル席とポンプのオブジェ
View of the big table from the wall side

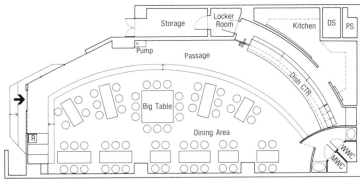

ZEN PLAN 1:200

ZEN

Markets forms an essential part of life particularly in the Southeast Asia and the Middle East, with which people develop their varied customes and activities. Situated in Kobe, one of the most famous Japanese ports, this restaurant was planned to serve world ethnic food and designed under a theme of markets.

Intended not to design any specified country, the interior mixed different design elements of markets in the Southeast Asia and the Middle East. Regarding materials, as the restaurant's name signifies, simple materials were used to demonstrate zen philosophy like "as it is", avoiding high-tech materials. Natural soil, wood, iron etc. were chosen, showing aging effect of materials. To express an alley to a market a wall side hallway from the entrance to a back a counter which gives big plate food was designed on a rise to separate it from dining area, without using partition.

90% of customers are women in 20s' enjoy drinking beer, taking a small plate of ethnic food in many dishes in this exotic interior.

パクーン

東京都目黒区自由が丘2丁目17-8　カームヒルズ自由が丘地下1階

Asian Ethnic Restaurant PACOON

Jiyugaoka Meguro-ku Tokyo, Producer Shinsuke Koike

設計・総合プロデュース／ワットインターナショナル　小池信介
設計協力／ランドスケープアットワーク
施工／ワットインターナショナル

1. 遊牧民族のパオをモチーフとした客席Bの半円形大テーブル席
View of the dining B from the cashier side

1

●遊牧民のパオをモチーフとしたデザイン

元々は中国の料理が源流である"しゃぶしゃぶ"と朝鮮焼肉の両方を調理できるプコタン鍋を開発したオーナーが，新業態を開発するために出店したパイロットショップ的なレストランである。

料理の形態がアウトドアバーベキュー的な色彩を持っていることから，デザインのコンセプトは，それをインドアに再現することとされ，具体的なモチーフとしてパオが着想された。アジア文化圏とヨーロッパ文化圏が交錯する遊牧民生活地域で，家族が荒野の中で一家団らんを過ごすのがパオとよばれるテントであるというのが，その起点である。

まず，ラセン階段を降りた地下1階の部分にテント張りの待合スペースが設けられ，さらに店内中央の円形大テーブルとコーナーの客席もテントに覆われたパオ空間となっている。柔らかい感触の布は仕切りとして閉じられることなく，半分ちかく開かれた状態で存在し，視線を適度にコントロールしながら開放的な空間を形成している。

2. 客席Cより見た客席Bの半円形大テーブル席
View of the dining B from the dining C

PACOON

Pucotan is a combination of Shabu-shabu, originally Chinese food and famous for as Japanese food, and Korean barbecue. The inventor of pucotan is the owner of this restaurant is a pilot shop to prevail his new food.

Pucotan is suitable for out door barbecuing food, so the design concept is to create an outdoor feeling in the interior, using paos. The pao is a kind of a round tent of nomads living in a area where the East crosses the West. Nomads spend their lives in paos temporarily striken on a wild land.

Going down a spiral staircase to the basement level, there you find a waiting area. A huge table in the center and tables at corner are covered with paos. Paos are made of soft fabric and can be closed. Customers freely keep their privacy in this interior.

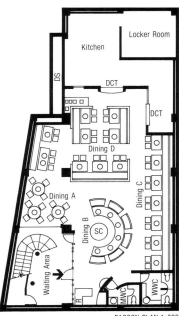

PACOON PLAN 1:300

2

蝦蟹市場 クン ポ：

愛知県名古屋市中区新栄2丁目1-9 雲竜フレックス西館地下1階

Asian Dininng KUN PO：

Shin-sakae Naka-ku Nagoya
Designer Naoki Takeda

設計／エム・ディー
　　　竹田直紀　塩地昭彦　田代伸彦
協力／企画　テトラ　永島博文
　　　照明　藤本晴美＋MGS
施工／テクノアークス

1. 地下1階の洞窟風通路を市場ストリート側から見る
   B1F：View of the cave from the bazaar street
2. 大漁旗の吊り下げられた客席E・Dを中地下デッキより見る
   MB1F：View of the dining E and D from the deck

●豊作と大漁を祝う祭の空間

ビール会社と地元・名古屋で飲食チェーンを経営する
企業が合弁で出店した，エビ料理とカニ料理が中心の
大型アジアンシーフードレストランである。
デザインのコンセプトは，どこか見知らぬ東南アジアの
国。そこは四方を海に囲まれて豊かな漁場を持ち，のど
かな農村には農作物がたわわに実る。それらの海産物
や農作物は市場に集められ，人々は大漁を祝い，豊作
を祈って歌い，踊り，酒を酌み交わす，というストーリー
でシーンは展開していく。
ビル地下からの出入り口とは別に，外部道路から直接
に客が入れるよう5メートルの天井高を利用して中地

下１階のデッキが設けられ，大漁旗をモチーフにした布の天蓋が天井から吊り下げられた客席ＥとＤが吹き抜けを通して見おろせる。さらに階段を降り，地下１階のレベルに達すると，そこには市場をイメージしたオープンキッチンが開け，左へ行くと豊作祭をイメージした客席Ｂが待ち受けている。客席の壁面には金色に輝く麦穂が一面に飾られ，実りの豊かさを象徴した空間となっている。

KUN PO :

A big Asian sea food restaurant KUN PO : was opened by the joint management of a beer company and a chained local restaurant. According to the concept, this restaurant tells a story of an unknown country in the Southeast Asia. Surrounded by the sea, it has a rich fishing ground and country village and their crops are good every year. People gather those harvests from the sea and the ground to celebrate their gods, eating, dancing and drinking.

This restaurant has two entrances on the road level (not the first level of the building) and on the building front. Using effectively 5m high ceiling, a mezzanine bridge was built from the road level entrance to the floor of the basement level. A number of fabric canopies designed as fishermen's flag are hanging from the ceiling. You can overlook a dining area (E) and (D) from the staircase. There are an open kitchen and dining area (B)designed upon a image of a harvest festival. A wall behind (B) area displayed many golden shiny heads of wheat to symbolize the fertility.

4

3. 麦穂で豊作のイメージを表現した地下1階奥の客席B
   B1F : Display wall of the dining B
4. 新鮮なシーフードが並ぶ地下1階の市場ストリート
   B1F : View from the bazaar street to the dining B

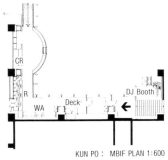

KUN PO : MB1F PLAN 1:600

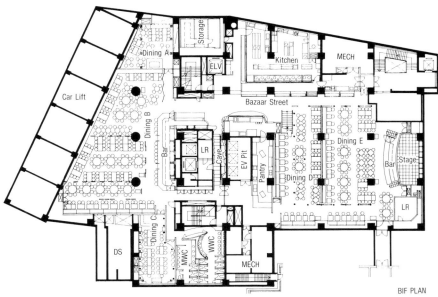

3

BIF PLAN

エラワン

東京都港区六本木5丁目5-1 ロアビル13階

Thai Brasserie ERAWAN

Roppongi Minato-ku Tokyo
Producer Yasuo Tejima
Designer Sumio Yoshino

企画・プロデュース／ティーズアッセンブリー　手島康雄
設計／エム・ディー　吉野純夫　鏑木清豪
協力／照明　MG5
施工／ファビリカ

1. 屋外レストランをイメージした奥客席C
   View of the dining C from the dining D

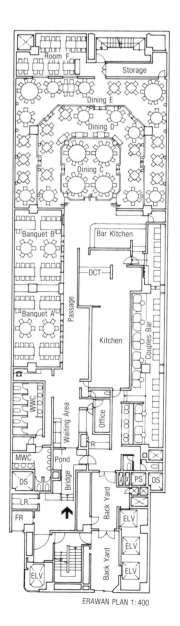

ERAWAN PLAN 1:400

1

3

●バンコク郊外の屋外レストランをイメージ

タイは東南アジアの中心にあり、13世紀の建国以来、欧米の植民地となることなく独立を保ってきた。タイ料理は、さまざまな国の影響を受けながら何世紀にも渡って作られ続けており、世界の三大スープの一つといわれるトム・ヤムクンを生み出したように独自の料理スタイルを持っている。

東京・六本木のディスコを改装したこのレストランは、誰もが気軽に楽しんで食事ができることを意図し、タイ料理がメニューに選ばれた。内部空間のデザインはバンコク郊外の屋外レストランをイメージしたもので、ビルの13階という立地を生かして東京の夜景が楽しめるよう、客席は中央が高く、窓に近い部分の床を低くするなどの配慮がなされている。内装材の一部や調度品の多くは、タイで買い付けられたり、現地で制作されたものである。また、この店のために描かれたタイのアーチストの手になる伝統的壁画も、タイらしい雰囲気を空間に与えている。

2. 個室F内部より窓ごしに客席E・D方向を見る
View from the room F to the dining E・D
3. 透かし彫りスクリーンの配されたバンケット客席
Interior view of the banquet room

ERAWAN

Thailand has been independent since the foundation of the nation in the 13th century, escaped from colonization by Western countries. Influenced by various countries, Thai cuisine has evolved for several century. Its unique character can be tasted in Tom Yam Kung, so-called one of the best three soup in the world.

Renovated from a disco in Roppongi, Tokyo, this restaurant opened for customers to eat Thai food in a carefree atmosphere.

Designed as an image of an open garden restaurant in a suburb of Thailand. As it locates on the 13th floor of a building, this restaurant commands a fine night view of Tokyo. For customers to enjoy the view better, the floor has a rises and the central dining area is the highest, and the position of windows are low. The interior materials are imported from or made in Thailand. A wall painting by a Thai artist conveys a feeling of Thai culture.

イートバー

東京都千代田区有楽町1丁目12-1 新有楽町ビルヂング1階

Ethnic Restaurant EAT BAR

Yuraku-cho Chiyoda-ku Tokyo
Designer Masao Tamura

企画・オペレーション／クリークワークス　宇野　浩
設計／タムラスペースデザイン　田村雅夫
施工／村上工務店

1. 入り口より客席Aを通して奥方向を見る
   View from the entry to the dining A

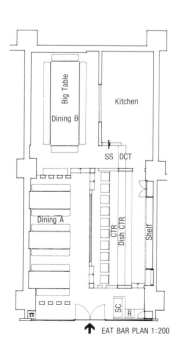

EAT BAR PLAN 1:200

1

●和風のデザインを色彩でアレンジ

東京・丸の内は日本一のビジネス街であり，その中心
にある巨大なオフィスビルの地下１階ショッピングフロ
アにこのレストランバーはある。立地から客対象は周囲
のオフィスに勤めるビジネスマンおよびOLに絞られ，か
れらが気軽に食べられ，しかも味は一流で，和食をベー
スに各国の料理を採り入れた店というのが企画コン
セプトであった。

空間デザインは，コンセプトから和風を基本とし，そこに
グリーングレーやレッド，ブラックなどの色彩を配して，
各国料理店らしい雰囲気を創出している。ビル通路に
面したガラス張りの入り口開口部と内部を仕切るため
に，化粧鋲を打った大きな角柱が４本たてられ，その背
後の右側にカウンター席，左側にベンチ席が配されて
いる。さらにその奥にも４本の角柱が立てられ，最奥部
の大テーブル席へと続く。大テーブル壁面は屏風に見
立てられ，狭いイメージをなくすために５色のランダム
な曲線により塗り分けられ，圧迫感のない柔らかな空
間に仕上げられている。

2. 屏風をイメージした店内奥の客席B壁面
View of the dining B from the dining A

EAT BAR

Marunouchi, Tokyo, is the central business
district in Japan. This restaurant bar is in a
shopping mall of a basement of a gigantic
office building in Marunouchi. The target
customers are businessmen/women working
for office near the building. The restaurant's
concept is the first class food, based upon
Japanese cuisine, in free and easy atmo-
sphere.

The interior design used basically Japanese
style and accented it by green-gray, red and
black design elements to subdue Japanese
character, as this restaurant also serves
other countries' food. Four columns with
decorative rivets stand to separate entrance
opening and the interior and behind them
there are a counter area on the right and a
bench seat area on the left. In the back,
other four columns stand again for cus-
tomers to lead to a big table area in the
back. Walls of the big table, like a Japanese
holding screen, uses five random lines to
weaken the mental stress from the narrow
space.

CHINESE & KOREAN RESTAURANTS

ケフェウス	104	KE [FE] US
ソーホーズ ウエスト	108	SOHO'S WEST
エスカミューズ	113	ESCAMUSE
聘珍楼	118	HEICHINRO
嵐山 主水	123	ARASHIYAMA MONDO
海鮮市場 K	128	Sea Food Market K
三彩	132	SANSAI
上海園林	136	SHANGHAI ENRIN
ア・タント	139	A TANTOT
チャイナブルー	142	CHINA BLUE
テイテ	145	TEI・TE
パオ・ロード	148	PAO ROAD
平壌亭	151	HEIJOHTEI
新羅館	154	SHINRA KAN
野・野	158	NO・NO
花心	162	KASHIN
徳寿	166	TOKUJU
李	169	LEE
そら	172	SORA
ととやじゅじゅ	175	TOTOYA JUJU
レ・アール	178	LES HALLES

大人の隠れ家的な香港海鮮料理レストラン

ケフェウス
東京都渋谷区恵比寿西1丁目13-1 ループ6 地下1・2階

Chinese Restaurant Ke[fe]us
Ebisu-nishi Shibuya-ku Tokyo
Designer Rei Kurokawa

設計／黒川玲建築事務所　黒川 玲　東 道文
施工／建築　三菱建設　岡本 稔　山中壽夫　辻村孝志
内装　丹青社　貫井達雄　薄木 均

1. 1階から地下1階の店内へ至るアプローチ階段
The approach stair to the B1 floor
2. 地下1階客席Bの色彩が変化するガラスとアクリル製の壁面
B1F : View from the dining B to the pantry

1

●時間の記憶を光の変化で表す
東京・恵比寿の飲食ビル地下1・2階を占めるこの中国料理店は，海鮮メニューを中心とした香港料理を，ゆっくりと楽しんで食事できる，大人のための隠れ家的レストランとして企画された。
デザインのコンセプトは，時間の記憶であり，店名が星の名前からとられているのは，時間＝宇宙＝星座名というイメージの連環と発展によるものである。また，この星が変光星であることから，地下1階，地下2階，VIPルームという客席の変化を光で表現している。
ネオンのクールな光に囲まれたアプローチ階段を下りた地下1階の客席は，宇宙の夜をイメージしており，アクリルとガラスで構成されたオブジェ的な壁面が，内蔵

する照明の点滅により次第に変化していく。地下2階の客席は壁面がチタン製の市松模様と，三角錐を連続させたオブジェで構成され，光の干渉色により見る角度によって異なる微妙な色彩の変化を生み出している。

KE[FE]US
Occupying the first and the second basement levels of a restaurant complex in Ebisu, Tokyo, this Chinese restaurant was planned to create a refuge for adults to enjoy drinking and eating in a relax atmosphere.
The design concept is a memory of the time, so the project's name was quoted from a

name of constellation. As the Ke[fe]us is a variable star, a designer expressed changes of the lights for the first and second basements, and a V.I.P.room.
An approach staircase surrounded by cool neon lights brings you to the first basement designed to represent a cosmic night, where sculptural walls of glass and acrylic resin change colors with blinking built-in lamps. In the second basement, checkered titanium steel walls and repeated triangular pyramid objects shows subtle color changes by the reflection of light.

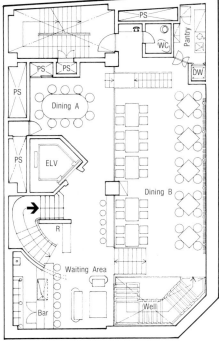

KE[FE]US B1F PLAN 1:200

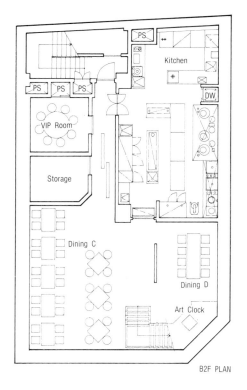

B2F PLAN

3

CFディレクターが手掛けた台湾料理店&ハワイアンレストラン

ソーホーズ ウエスト
東京都世田谷区中町 5 丁目25-10

Chinese & Hawaiian Restaurant SOHO'S WEST

Nakamachi Setagaya-ku Tokyo, Designer Oun Design Corporation, Tae-Young Lee, Sigechiyo Suzuki

● パチンコ台が生み出す演劇的空間

東京・瀬田は都内から郊外へ抜ける246号線と，外周を一巡する環状8号線が交差し，近くに東名高速道路の用賀インターチェンジ等のある交通の要衝で，郊外型レストランの密集する激戦地である。この地域の一角に，歪んだ二つのビルと，その狭い隙間に挟まれ，押しつぶされそうになった玄関を持つ家からなる不思議な外観の一戸建てレストランができた。

1階ファサードの裏側はパーキングスペースで，地下1・2階が台湾家庭小皿料理レストラン，2階がハワイ料理レストランというフロア構成であるが，内部空間も外観に劣らずユニークなデザインとなっている。

特に面白いのは地下1・2階の空間で，高さ7メートルの吹き抜けに面した壁面にはディスプレイのため，本物のパチンコ台が三段に渡って取り付けられている。地下1階の入り口から吹き抜けに架けられたブリッジを渡り，壁面の鉄骨製階段を地下2階客室へ降りる客は途中で立ち止まり，パチンコゲームを楽しむことができる。パチンコ台のチンジャラという喧噪と内部を動きまわる客の動きが，この店内に演劇的なシーンを自然につくりだし，客自身を楽しませる。

1. 二つのビルに押しつぶされそうな入り口外観
   Night view of the west side facade
2. 1階入り口ホールのボタンを押すと扉が開く
   View of the entrance hall from the entry

SOHO'S WEST

Seta, Tokyo, is an important traffic point where crosses two major ways : the route 246 running from the central Tokyo to suburbs and the beltway 8 cycling around the outskirt of Tokyo. Seta is also near the Yoga interchange of Tomei express way. This area is highly competitive commercial zone for a number of clustered road side suburban restaurants. On a corner of the area, a free-standing restaurant was built. The homely facade is between two slanted buildings and it looks being almost cruched, so the exterior scene is bizarre.

On the first floor behind the facade, there are just a parking lot and a restaurant occupies the second floor and first and the second basement levels. The fomer is a Hawaiian and the latter is Taiwanese home cuisine, as an interesting combination of cuisines and design as well as the unique exterior.

Particularly amazing are the basement levels connected by a 7m high stairwell. Pachinko machines are installed on the wall from the second basement floor to the first basement. A large number of the machine on a landing of the stair are for visitors to play, if they want. Jingling noise of pachinko machine and movements of customers give the interior dramatic effects for customers to enjoy dining and drinking.

2

総合企画／アウンデザイン
演出企画／ももプラン　李　泰栄
設計／建築　基本設計　乃村工芸社
実施設計　坂川建築設計事務所
内装・演出　乃村工芸社　鈴木恵千代
協力／照明　海藤オフィス　海藤春樹
施工／建築　イシズエ　内装　乃村工芸社

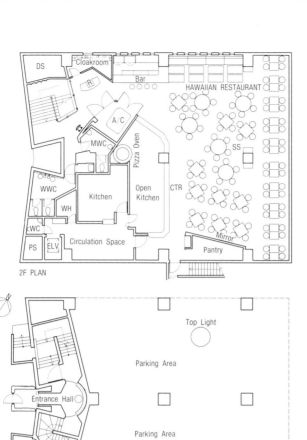

2F PLAN

DS
Cloakroom
Bar
HAWAIIAN RESTAURANT
A/C
MWC
Pizza Oven
SS
WWC
Kitchen
Open Kitchen
CTR
WH
LWC
Circulation Space
Mirror
PS ELV
Pantry

Top Light

Parking Area

Entrance Hall

Parking Area

Top Light

ELV

SOHO'S WEST 1F PLAN 1:300

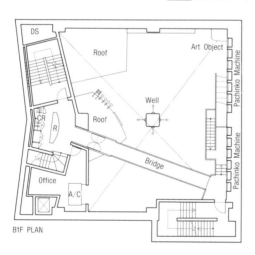

DS
Roof
Art Object
Pachinko Machine
Well
CR
R
Roof
Pachinko Machine
Bridge
Office
A/C
Pachinko Machine

B1F PLAN

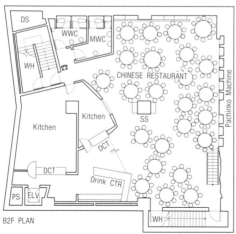

DS
WWC
MWC
WH
CHINESE RESTAURANT
Pachinko Machine
Kitchen
Kitchen
SS
DCT
DCT
Drink CTR
PS ELV
WH

B2F PLAN

3. 地下2階の中国料理フロア
B2F：The dining area of the Chinese Restaurant

3

4. ハワイアン料理を提供する2階客席の壁側コーナー
   2F：The dining area of the Hawaiian Restaurant

4

エスカミューズ

大阪府吹田市芳野町13-45

Chinese Restaurant ESCAMUSE

Yoshino-cho Suita-shi Osaka, Designer Hiroyuki Wakabayashi

1. アプローチ通路から入り口を通してエントランスホール方向を見る
View from the approach corridor to the entrance hall

1

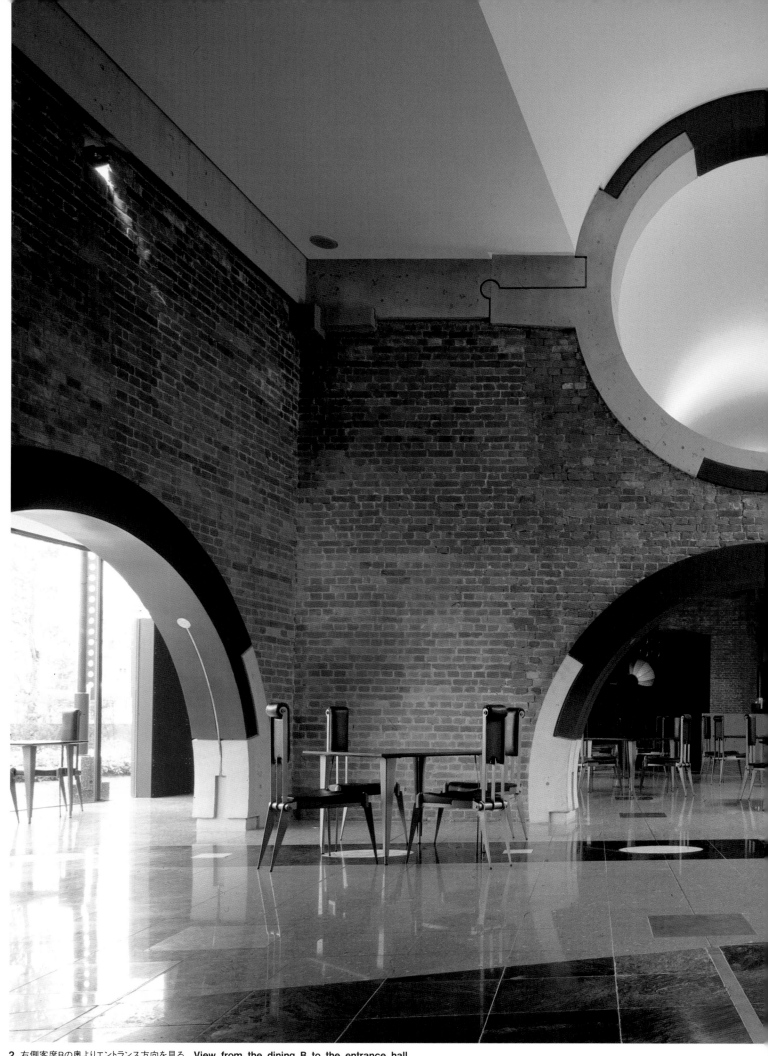

2. 右側客席Bの奥よりエントランス方向を見る　View from the dining B to the entrance hall

●歪みと混成による未体験の世界
70年前に建てられた2棟の原綿倉庫を改装し、中国レストランに再生されたこの歴史的建造物は、大阪・吹田市の広大な紡績工場跡地の一角にある。周囲にはテニスコート、野球場、ゴルフ練習場などのスポーツ施設があり、昼間は、そこへやってくる主婦やOL、ビジネスマン、夜間は若いカップルやファミリー客、グループ客を対象としている。
開口部のほとんどないレンガ組積造の建物は、レストランとして機能させるためには大きな開口部を設ける必要があり、構造上の問題からアーチ形状が採用された。2棟の間には新しく建物が追加され、前部が入り口ホール、後部が厨房、その中間は屋根のない中庭とされた。中庭を中心に二重の同心円を描く平面は、2棟を左右対称に相貫しているが、新設部分の軸線は斜めにずれて、シンメトリーの平面に干渉する。

70年という年月の隔たりを持つ新旧の建築には、歴史的時間や様式的形態の脈絡は存在せず、異なった時代の異なったコンセプトが、ぶつかりあう時に生じる歪み、混成が来客を未体験のシーンへと誘引する。

ESCAMUSE
Renovated from historical buildings : two 70 years-old warehouses of unwoven cotton, this restaurant project is located in the previous vast site of a spinning mill in an area of Suita city in Osaka.The neighborhood has a tennis court, baseball play ground, training golf courses, etc. Users of those sports facilities, are the target customers: house wives, business men/women during the day time and young adults cou-

ples, families, grouped people at night.
To make sizable openings of the building to be used as restaurants, as the original masonry constructions are solid with few openings, arch construction was adopted and a new building was added between two, considering the dynamics of construction. This new part consists of an entrance hall, a kitchen, an unroofed courtyard. In the plan, we see two concentric circles whose center is the courtyard and two ex-warehouse building are parallel, but the entrance hall is slantingly built against the symmetrical buildings.
The 70 years time lag of two parts, regardless of historical discontinuity of two contexts, attracts people in its slant and chaotic expressions.

4

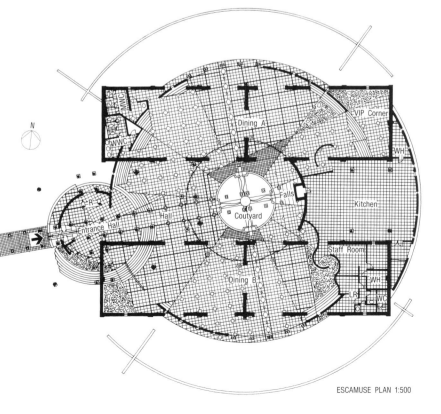

3

3. 中央の中庭をホール側より見る
   View of the courtyard from the hall
4. 中庭側から見たエントランスホール
   View of the entrance hall from the courtyard

ESCAMUSE PLAN 1:500

聘珍楼 吉祥寺店新館

東京都武蔵野市吉祥寺本町1丁目13-6 古谷ビル1・2・3階

Chinese Restaurant HEICHINRO Kichijoji

Kichijoji-honcho Musashino-shi Tokyo
Designer Yoshiteru Uesato, Nobuhide Tanigawa

設計／聖拙社　上里義輝　谷川伸英
　　絵画　龐 麗娥
施工／丹青社　木村善朗　三浦与之　谷 明

1. 石の透かし彫りを使用した1階入り口まわり外観
   View of the entry from the street
2. 蛇紋岩貼りの1階エントランスホール
   1F : View of the entrance hall from the reception desk

1

3

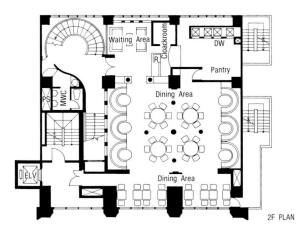

HEICHINRO 1F PLAN 1:300

2F PLAN

4

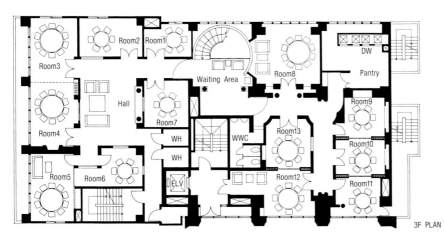

3F PLAN

3. 個室中心の3階中央に配された待合ホール
   3F：View from the hall to the room 6
4. 色シックイで塗り固められた3階の通路部分
   3F：View of the corridor from the pantry side

●塗り込められた砂岩の壁

聘珍楼は横浜・中華街に1887年創業された古い歴史を持つ老舗であるが，1987年には従来の金・朱赤の色づかいとは違った，ミラー張りの外装を持つ新感覚の本店を新築したり，近年，香港に逆上陸して店舗を開店するなど注目を集めている。この吉祥寺店新館は，既存の吉祥寺店の向かい側に個室中心の中国レストランとして開店した。

空間デザインのコンセプトはインド。ラジャスタン州のジャイプールにモチーフが求められ，外観は砂岩と大理石の柱，木製のドアに鈍く光る真鍮の飾り，石の透かし彫りなどが織りなす光と影が特徴のデザインである。内部空間は天井高が低いこと，個室が中心で通路が多いことなどから壁の構成にポイントが置かれ，壁のインド砂岩は荒砂色シックイで塗り固められ，さらに全体を色シックイで塗り込めるという手法が取られた。

その結果，通路の壁はゆるやかな曲線を描いて床へと続き，厚い壁のところどころに穿たれた窓が，西アジアの地で時を重ねた素材をチャイニーズレストランの内部に違和感なく溶け込ませている。

5. 天蓋のある2階客席中央部
   2F：View of the dining area

HEICHINRO

Heichinro, an authentic chained Chinese restaurant established in 1887 in Chinatown, Yokohama. In 1987, public attention was paid to this restaurant, since the head shop was renovated to have mirror-used exterior, different from common one using gold, red common. Besides Heichinro opened its branch even in Hong Kong. Opened just opposite side of old one, this new branch in Kichijoji offers many private dining rooms as the main selling point.

The design concept is, strangely, based upon Indian style, above all Jaipur in Rahjastan province. Sandstone and marble columns were used, brass decoration of wooden door shines dimly, stone openworks and other ornaments makes intriguing effects of light and shadow. As the ceiling was low and many passages was made for each private dining rooms, a designer focused on the construction of walls. They were made of Indian sandstone with rough sand plaster and painted by colored plaster. Eventually walls and floor smoothly connected showing curve lines and have openings on the thickest part. Those elements borrowed from West Asia unified an total interior, matching Chinese cuisine.

和の感性による本格的な広東料理レストラン

嵐山 主水

大阪府豊中市向ヶ丘２丁目972-2

Chinese Restaurant
ARASHIYAMA MONDO

Mukogaoka Toyonaka-shi Osaka
Designer Hideki Shigeta

設計／アクト　繁田英紀　中尾次成
施工／サンユー工芸

1. エントランスホールより2階へ通じる階段方向を見る
1F : View from the entrance hall to the stair
2. 光り天井のある1階ドリンクカウンターと客席A
1F : View of the drink counter and dining A

1

3

3. ホールからバーコーナーへ通じる2階中央通路　2F: View of the center corridor from the hall
4. サービスエリアから見た2階客席D　2F: View of the dining D from the Service Station

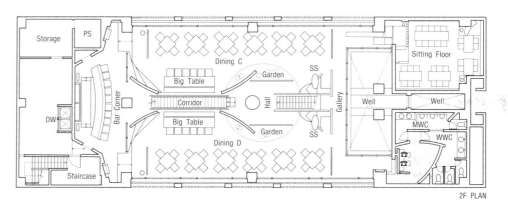

2F PLAN

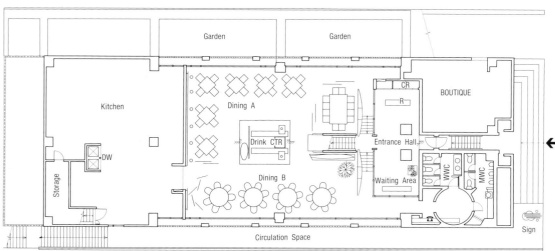

MONDO 1F PLAN 1:300

●両面性を際立たせたミスマッチ空間

嵐山主水というのは人気テレビ時代劇の主人公の名前であり、それを演じている俳優が自ら経営しているのが、大阪郊外の高級住宅地・豊中市にできたこの中国料理店である。時代劇の主人公というキャラクターを生かし、和のイメージで空間を構成するのが店のデザインコンセプトとされたが、その狙いは日本的な感性と中国料理との対比であり、ミスマッチ感覚の意外性であった。

広々とした通りに面して他の店舗がオープンな開口部を持つのに対して、階段を上がらなければならない閉鎖的な入り口まわり、待合の砂利や踏み石などの日本的意匠の中に置かれたステンレス鏡面加工のモダンなベンチ、1階客席の光り天井、光りカウンターに浮かぶ伝統的な格子パターンなど、緊と和、明と暗、柔と剛の

両面性が空間を特徴づけている。

緊迫感や柔らかさ、安定感や強い印象、優しさなど様々な心の動きが素材、形態、色彩、照明の新しい手法と組み合わされたミスマッチ空間で、来客は中国料理を楽しむことができる。

ARASHIYAMA MONDO

Arashiyama Mondo is a name of a character of a popular T V samurai drama and an actor who played the role owns this Chinese restaurant in a upper class residential area of a suburb of Toyonaka city in Osaka. Using an image of the samurai hero, the project concept is basically Japanese style to contrast Japanese sensibility and Chinese food or to show intentionally mismatch of two

different cultures.

Other neighboring restaurants facing the same road have frank and open facades but this one looks exclusive facade and visitors have to go up stairs to enter it. Stainless steel benches were used together with gravels and stepping stones used for a waiting room. The lattice pattern, a traditional Japanese pattern, were used for the lighting ceiling and a lighting counter on the first floor.

Interior space beautifully compare dualism : accent with harmony, light with dark, and softness with hardness. Materials, forms, colors, lighting used in traditional way married with new ones for customers to dine comfortably.

設計／アクト　繁田英紀　中尾次成
施工／ティ工房

新鮮な海の食材をチョイスできる台湾料理店

海鮮市場 K

京都府京都市左京区下鴨南芝町43-3　シンタックスビル地下1階

Chinese Restaurant & Bar K

Shimogamo Sakyo-ku Kyoto
Designer Hideki Shigeta

1. 左側大テーブル席より通路ごしに客席A方向を見る
View from the big table to the dining A
2. 客席Bより角柱で仕切られた中央通路ごしに見た客席A
View from the dining B to the dining A

●ランダムな角柱による骨太な楽しさ

東南アジアの海鮮市場には，すぐ近くの海で穫れる新鮮な海の幸が集まり，客が選んだ魚貝類をそのまま料理してくれるレストランが多くある。食事を楽しむ話し声や笑い声，フロアで働く人の音，厨房で料理をする音などが入り混じってBGMになり，活気ある生活シーンが自然に繰り広げられていく。

京都の郊外・北山通りのビル地下にできたこの台湾料理店は，海鮮市場の賑わいに都会的な感性を刺激する洗練されたデザインを包含させた店として企画された。入り口をはいった場所には新鮮な魚貝類をチョイスできる冷蔵ショーケースが置かれ，そこからメーン客席を二分する中央通路へと達する。

通路の両側に配された90ミリ角の栂材は無造作に立ち並び，メリハリのきいたライティング手法によってアート的な感覚と市場の活気を演出している。また，キッチンの左側にはマリンブルーのテーブルトップを持つ大テーブル席，右側には土壁による日本的な感覚のロングテーブル席が配され，空間に変化を与えている。

3. 厨房右側に配された個室風のロングテーブル席
   View of the long table area
4. 大テーブル席の壁面ミラーに映り込んだ虚像
   The virtual image of the big table area

K

Many sea food markets in the South Asia have restaurants where they serves fresh sea food that customers, on the spot, choose from varied ones sold at markets. Peoples' voice and laughter, sounds of working waiters and waitress, and sounds heard from the kitchen turn into a nice and vivid back ground music, surrounding the whole.

This Taiwanese restaurant is located in a basement of a building in a suburb of Kitayama, Kyoto, was planned to show an atmosphere of the din and bustle of a busy sea food market in its modern design. There are a show cases of sea food around the entrance for customers to choose, and the central hallway goes from there, making two dining areas.

A number of hemlock spruce square lumbers (90mm X 90mm) are installed randomly on both sides of the passage, representing an artistic installation together with a successfull effect of the lighting. On the left hand side of the kitchen, there are a marine blue big table dining area, and on the right hand side a Japanese style area is created with traditional soil walls and a long table, contrasting with other dining areas.

3

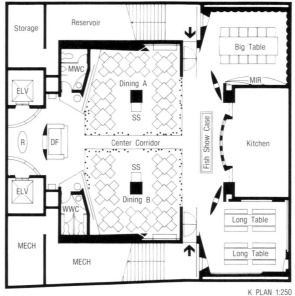

K PLAN 1:250

4

1

業態の違う4フロアを積層した "中国料理大楼"

三彩
兵庫県神戸市須磨区戎町3丁目5-15

Chinese Restaurant SANSAI

Ebisu-cho Suma-ku Kobe
Designer Gen Yokoi

設計／建築　萩尾建築事務所
内装　創楽舎　横井 源
施工／建築　コーナン建設
内装　ユタカ装工

1. 天の川をイメージした3階天井の照明器具
3F : The lighting fixtures of the ceiling
2. 天井の高さを生かした3階ディナーコース客席
3F : View from the dining A to the dining B

2

●中国西北部の自然風景を抽象化する

この中国料理店ビルは、神戸から少し離れた私鉄駅の
前にあり、古くからある繁華街であるが大きなレストラ
ンのない地域の活性化と住民への貢献を目的に企画さ
れた。

4層からなる店内は各々に別個の入り口を持ち、独立
した形で存在する。1階が軽い料理を中心とした飲茶
フロア、2階が単品料理をメーンとしたアラカルトのフロ
ア、3階がコース料理を出すディナーフロア、そして5
階が庭園を眺めることのできるラウンジバーのフロアと
いう構成である。

デザインのテーマは、中国西北部の自然風景や生活を
抽象化し、そのエレメントを空間にポイントとして配する
ことで、従来の中国料理店に見られる極彩色の色づか
いは排せられた。1階の空間はモンゴルの住居である
パオをイメージしたもので、スケルトン天井に布を配し、
照明を内蔵させることによって胎内にいるような視覚的
ぬくもりを演出している。また、2・3・5階は星空をイ
メージし、今にも落ちてきそうな星の集積や天の川、流
れ星をそれぞれの天井に創出している。

3. パオをモチーフとした1階の飲茶コーナー
   1F：View of the seatings from the entry
4. 一品料理を主体とした2階客席
   2F：View of the dining A

SANSAI
Located in front of a private railroad station
a bit far from Kobe, this Chinese restaurant is
in an old busy section of a town with no big
restaurant and it intends to vitalize the local
community.
Consisting of four different levels, each floor
has its own entrance. The first floor is a
Yinchá restaurant, the second a restaurant
for á la carte, the third a dinner restaurant
serving courses, and the fifth a lounge bar
with a garden.

3

The design concept is an abstract image of
a life and landscapes of the northwest
China, which were embodied in interior ele-
ments, abolishing gaudy stereotype Chinese
style. A theme of Paos, Mongolian traditional
tents, was realized, fabrics with lamps are

installed on the skelton ceiling of the first
level, which aimed to make us feel like in
mother's body with the lighting effects. The
2nd, 3rd, and 5th floor used strait night
images : clouds of stars,the Galaxy, meteors
were expressed on each ceiling.

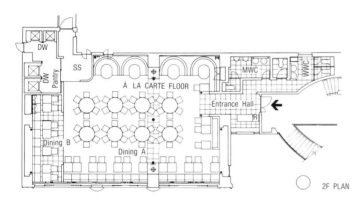

2F PLAN

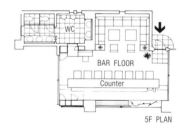

5F PLAN

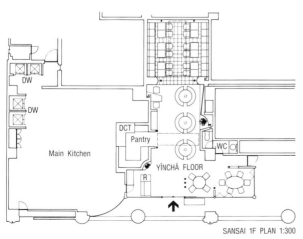

SANSAI 1F PLAN 1:300

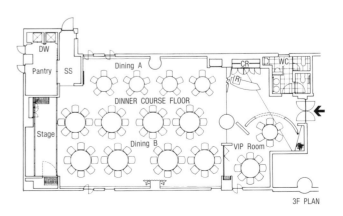

3F PLAN

1

企画／ブレーニング
設計／アトラスデザインスタジオ　飯田公久
協力／デザインディレクター　ファクトリー　インターナショナル　松島 新
施工／丹青社

伝統ある邸宅とその庭園がテーマの中国料理店

上海園林

東京都港区浜松町１丁目29-6　浜松町セントラルビル１階

Chinese Restaurant SHANGHAI ENRIN

Hamamatsu-cho Minato-ku Tokyo

Designer Kimihisa Iida

1. 入り口ホールから空窓を通して内部客席を見る
View of the dining area from the entrance hall
2. 洞門をイメージしたアプローチ通路を入り口側より見る
View of the approach corridor from the entry side

3

● "洞門" と "空窓" がモチーフ

古来から中国文化には "壺" に対する愛着がある。それは "壺中天" という言葉に代表されるように邸への出入り口に壺の形の洞門と呼ばれる門があり、その先には別天地が開けているという楽園思想として、様々な形で表現されてきた。また、中国には "空窓" とよばれる壁や塀に開けられた飾り穴があり、そこを通して見える庭の風景と一体となって、ピクチャーウインドーのように一葉の絵を創出させる。

東京・浜松町の駅前に出店して40年、このほど新しい店名とインテリアで再スタートしたこの中国料理店は、伝統ある邸宅とその庭をモチーフにしている。入り口ホールから内部客席に至る、砂岩製の門が連続する長いアプローチ通路は "洞門" であり、また、入り口ホールの壁面には "空窓" が開かれ、内部客席を垣間見せる。来客は、私邸に招かれた客のように心からのもてなしと、美味な上海料理を期待しながら "洞門" をくぐるのである。

3. 内部客席より見たアプローチ通路のスクリーン
   View of the corridor from the dining area

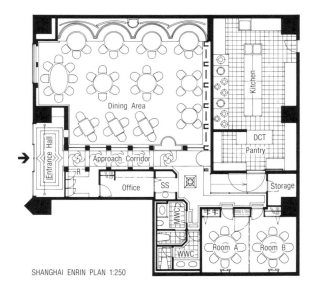

SHANGHAI ENRIN PLAN 1:250

SHANGHAI ENRIN

From the ancient times, Chinese people have favored pots, representing a phrase "ko-chu-ten" in Japanese pronunciation, meaning a utopia beyond secular world. Traditional Chinese large houses have a pot-shaped gate called "dou-mon" and it comes from a sort of utopianism that people can reach a paradise by going through dou-mon. This thought has been expressed in various phases of Chinese architecture. Decorative windows called "kuu-sou" are used as picture windows on walls or fences as a device to make use of the outside landscape in the visually effective design, by which people feel they are in a picture.

This Chinese restaurant opened 40 years ago in front of Hamamatsu-cho station in Tokyo renewed the interior and the name to make a fresh start. The design concept was based upon a traditional mansion and its garden. Sandstone arches were repeated along an aproach passage from an entrance hall to dining area to represent a dou-mon. Picture windows (kuu-sou) were made on walls of the entrance hall and people have a glimpse of each other. Passing through the dou-mon, customers expect hearty hospitality and delicious Shanghai food, feeling as if they were guests for a private residence.

ア・タント

東京都港区六本木 5 丁目17- 1　アクシスビル 3 階

Chinese Restaurant A TANTOT

Roppongi Minato-ku Tokyo
Designer Ikuyo Mitsuhashi＋Studio 80

1. 厨房側から見た客席B。壁に人の顔が浮かび上がる
View of the dining B from the kitchen side

トロンプルイユというのは，ヨーロッパで発達しただまし
絵の手法で，壁面に本物そっくりの扉や窓を描いたり，
遠近法や色彩による錯覚を利用したものである。
インテリアなどデザイン関連企業の店舗がテナントとし
て入居し，またデザインギャラリー，エキシビションホー
ルなどを持つ東京・六本木のアクシスビル3階にこの
レストランはある。従来は店名どおりイタリア料理店であ
ったが，ビル側の了解が取れたことにより中国料理店
へと改装され，その際に空間デザインヘトロンプルイユ
の手法が導入された。
金色に塗られた壁面は，無数のバクテリア状パターン
で構成されているが，よく見てみると人の顔が次々と浮
かび上がってくる。このパターンの原画を描いた人と，
壁に拡大して転写した人は別人であるが，これは作曲
家の譜面をもとに世界中の音楽家が演奏するように，
同じ原画から描き手の表現にゆだねられた複数のデ
ザインが生まれても良いのではないか，という設計者の
考えによるものである。

2. 入り口側より見た店内全景
Whole view from the entry side

A TANTOT
Trompe-l'oeil is a type of painting developed
in Europe, which is devised to persuade the
spectator that he is looking at the actual
doors, windows etc. on walls, using il-
lusionary effect of perspective.
This restaurant is on the third floor of Axis
building in Roppongi, Tokyo, whose tenants
are offices, galleries, shops, and a exhibition
hall mostly related to interior design. Keep-
ing the ex-tenant's name of an Italian restau-
rant, this restaurant was renovated to
Chinese restaurant, using the trompe-l'oeil.
Walls were painted gold with bacterial pat-
tern and when you at them carefully, you will
find peoples' masks. The original drawing of
wall pattern and work of copied drawing
were done by different artists, and a designer
regarded this way as the same one of copy-
ing a score.

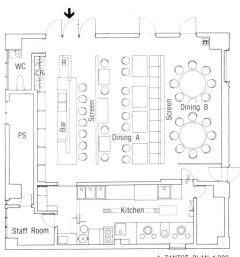

A TANTOT PLAN 1:200

チャイナブルー

兵庫県尼崎市南武庫之荘1丁目8-24 ソラリス2階

Chinese Restaurant
CHINA BLUE

Minami-mukonoso Amagasaki-shi Hyogo
Designer Jean-michel Wilmotte

設計／ヴィルモット・ジャポン　J.M.ヴィルモット
施工／鹿島建設大阪支店

●ソラリスの海に浮遊する星雲

建築と内部空間の設計者が別の場合，建築自身の持つ特徴やデザインボキャブラリーを引用しながらインテリアを構築する手法と，建築とは関係なく独自の世界を内部に構築する手法の二つがある。大阪と神戸の中間にある新興住宅地の駅前にできたこの中国料理店はビルの2階にあり，インテリアデザインは建築のコンセプトを生かしたものとなっている。

ソラリスという惑星の名前からとったビルは気鋭の建築家・高松 伸の設計になるもので，軸性を強調したシンメトリカルな構成となっている。内部空間をデザインするにあたって，この軸線を強調するため各座標軸の交点にカウンターが配され，また，建築の持つ強さを表現する素材として経年変化のないガラス，木材，石が積層されて用いられ，重量感を空間に生み出している。待合バーの上部空間には要塞内部のような吹き抜けが広がり，二層にわたるガラススライドシャッターと可動トップライトを全開にした時，ソラリスの海に浮遊する星雲がカウンターのガラストップに映り込む。

1. クローク側から見たウエイティングバー
View of the waiting bar counter

CHINA BLUE

When an interior designer and an architect work independently on the same project, the interior elements are often borrowed from aspects of architectural design or it is designed totally indifferent to the architecture itself. This Chinese restaurant was located on the second floor of a building in a new residential area between Osaka and Kobe. In this case, the interior design used architectural design vocabulary.

Named after a title of A.Tarkovsky's sf. movie "Solaris", the project was created by Shin Takamatsu, a progressive architect. The interior symmetrically emphasized the axes by arranging counters of intersection points of each coordinate axis. To display the durability, accumulated hard and everlasting materials (ex. glass, wood, stone, etc.) were used to create a voluminous space.

A bar and waiting area has avoid above which remind us of the interior of a fortress and the nebular sea of Solaris is reflected on the glass top when double sliding glass shutters and a movable skylight was opened.

1

2. ウエイティングバーの裏側より客席B方向を見る
View of the dining B from the waiting bar

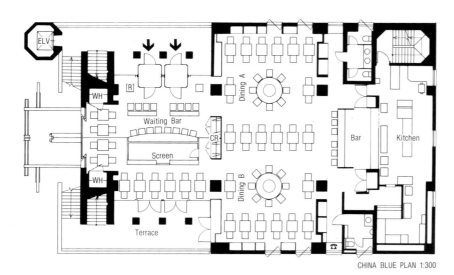

CHINA BLUE PLAN 1:300

テイテ(鼎鼎)南店

兵庫県神戸市中央区三宮町１丁目７‐９

Chinese Restaurant TEI・TE Nanten

Sannomiya-cho Chuo-ku Kobe, Designer Yuwatsugu Sugimoto

1. 個室Aからパントリー壁面を見る
View of the pantry wall from the room A

2

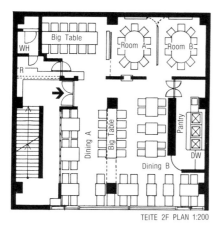

TEITE 2F PLAN 1:200

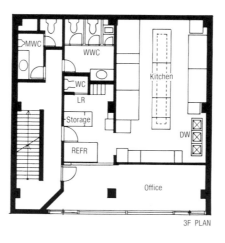

3F PLAN

2. 個室Bから個室A方向を見る
   View from the room B to the room A
3. 客席Bの窓側客席から個室A方向を見る
   View from the dining B to the room A

3

●懐かしく新鮮な心象風景

港町・神戸には中国料理店が多いが，今風のデザイン
で，しかもOLを中心とした女性層にもフィットするライ
ト感覚の料理を出す店は珍しい。神戸・三宮の繁華街に
できたこの中国料理店はビルの2・3階を占め，素材
の味を生かした本格的な広東料理を小皿で安く提供
することをコンセプトとした二番目の店である。

インテリアのテーマは第一号店に引き続き，土の匂いの
するデザインとされ，土・石・布といった自然素材が使
われているが，よりマイルドで象徴化されたものとして，
懐かしく新鮮な神戸の心象風景を表現している。

外部道路に面したアプローチ階段が狭く，しかも2フロ
アに分かれているため，客席は2階に集中して設けら
れ，3階は厨房，トイレ，オフィスなどの非営業スペー

スとされた。さらに2階客席の背後にはサービスステー
ションが配され，少ないスタッフでサービス管理ができ，
客席の高回転によって坪効率の悪さをカバーできるよ
うな工夫がなされている。

TEI・TE

A port city Kobe has a numerous Chinese
restaurants but probably a few appeals to
young female customers by the trendy
design and light food. This one (the second
branch), occupying the second and the third
floor of a building in a busy downtown
Sannomiya, Kobe, serves real Cantonese
food by low prices.

Following the same design concept of the

first one, the interior of this restaurant adopt-
ed an earthy theme and used natural mate-
rials like soil, stone, fabric, etc. in milder
style to represent a image of nostalgic and
fresh scene of Kobe.

As a road side narrow staircases are divide
in two for the second and the third floors,
the second level is a dining area and the
third one for a kitchen, washrooms, an office
and other facilities. In the center of the
second floor, there are a service station to
serve customers with limited staff, to reduce
the idle time, and to enjoy brisk custom
covering poor efficiency per foot square.

パオ・ロード

大阪府大阪市中央区東心斎橋1丁目12-7　ロンスカールビル4階

Chinese Restaurant Bar PAO ROAD

Higashi-shinsaibashi Chuo-ku Osaka
Designer China Design Co.

設計／中国装飾公司　梁 建緯　菊地 平
施工／トーア

1. レジより土壁のアプローチ通路を通して店内客席を見る
   View from the cashier to the approach corridor
2. 遊牧民のパオをイメージした客席Bのシェード
   View of the dining B imaging a pao

1

●シルクロードをモチーフにした空間

中国は広い。広大な領域は周辺で多くの国々と国境を接し，長い歴史の間に文化や風習，食べ物などで相互に影響しあってきた。特に西域の国々はシルクロードによる文化の伝播路でもあり，独特のロマンを伝えている。

大阪・ミナミで若者が最も集まる，通称・ヨーロッパ村のショッピングビル4階にできたこのレストランバーは，通常の中国料理だけでなく，西域の影響を受けたパオ料理をメニューに加えているのが特徴である。パオとは

遊牧民が草原で生活するための天幕張りの移動住居のことであり，店内空間もそのイメージを取り入れたデザインとなっている。

内部は，照明が透過して柔らかい光を客席に落とす布製のシェードで仕切られたパオ的空間と，真紅のエンタシス柱で仕切られた大テーブル席，それにセパレートテーブルエリアの三つに分かれている。来客の70%を占める20代の女性たちは，思い思いの席を選んで中国料理を楽しみながら，おしゃべりに興じるのである。

PAO ROAD

China is big. Bordering many countries, this vast realm assimilated and also influenced various cultures, customs, and foods in its long history. The Western Regions, particularly, associated with images of the Silk Road, gives us a romantic significance.

This restaurant bar is located on the 4th floor of a commercial complex, so-called "Yoroppa Mura(European Village)" building in Minami, Osaka, popular for young people and serves Chinese and pao food, influenced by the Western Regions, as a characteristic menu. Paos are moving tents of nomads living on the plains.The project's interior was designed on a images of paos.

There are pao-like area separated by fabrics through which the light comes softly, a red big table surrounded by entasis columns, and separated table dining area. Women in mid 20s' (70% of total customers) enjoy chattering and eating over Chinese dishes.

3

PAO ROAD PLAN 1:300

3. 中央客席Aより客席B方向を見る
View from the dining A to the dining B

外界と仕切られた郊外型朝鮮炭火焼肉店

平壌亭
京都府亀岡市篠町浄法寺中村35-5

Korean Restaurant HEIJOHTEI
Shino-cho Kameoka-shi Kyoto
Designer Akio Saitoh

設計／斎藤建築設計事務所
斎藤秋生　多田幸弘　加藤千秋
協力／企画　渡辺工務店　渡辺 繁
構造　アバン建築設計事務所
設備　野子建築設備設計事務所
施工／浅田建設

1. 北側入り口わきに置かれた石像
View of the entry and the stone image

1

●坪庭により外部と内部をつなぐ

郊外型レストランは，客席が外界に対して開放的に計画されている場合が多い。しかし，京都郊外の新興住宅地域にできたこの朝鮮焼肉店は，外壁がコンクリートブロックで覆われ，前面列柱のスリットからしか内部が窺えない構造になっている。周囲の雑然とした風景を拒絶し，独自の空間を創出するために導入された手法であるが，外壁および列柱と内部客席の間には坪庭が設けられ，来客は閉鎖された空間にいながら自然光の移ろいにより，季節感を知ることができる。

約500㎡の広さを持つ店内は，ボックス席と小上がり席が同居するメーンダイニングと，三つの個室，および宴会場よりなっているが，茅入りの塗り壁や間仕切りスクリーンの文様パターンなど，内部空間のデザインは間接的に朝鮮を表現するにとどめられた。また，焼肉の油煙が衣服に付着しないように吸い込んで，ダクトによって屋外に排出する，焼肉テーブルと一体化した無煙ロースターは，この店のオーナーが経営する会社によって開発，製作されたものが使用されている。

2. 茅入りの塗り壁で仕上げられた宴会場内部
   View of the banquet room
3. 小上がり席の外部に設けられた石庭
   View from the sitting floor to the garden

HEIJOTEI

Most suburban restaurants have an open feeling for users. However, this Korean barbecue restaurant in a newly developed residential area in Kyoto has a concrete block wall and columns on the entrance through which people can see partly the interior. It stands as if it rejected an untidy surroundings and displayed itself ostentatiously. A samll court between the wall and columns tells customers a story of four seasons with changing natural light even though they are in closed space.

The total floor area is 500㎡. The interior consists of a box seating area, a sitting floor area, both of which are the main dining area, three private dining rooms, and a banquet hall. The design suggests a bit Korean style : painted walls mixed with pampas grass fiber, traditional patterns of partitions, etc. To prevent customers' cloth from absorbing smell and smoke of barbecue, smoke-free roaster tables were installed and they were developed and produced by the owner of the restaurant.

3

HEIJOTEI PLAN 1:400

1

生命の躍動を感じさせる郊外型朝鮮炭火焼肉店

新羅館

愛知県名古屋市名東区極楽 5 - 1

Korean Restaurant SHINRAKAN

Gokuraku Meito-ku Nagoya, Designer Yoshihiro Kato

設計／加藤吉弘アトリエ
施工／ニューライフ

1. パティオに配された噴水と炎のアートオブジェ　**View of the art object from the patio**
2. 錆鉄で構成された客席Aの壁側コーナー　**View of the dining A from the corridor**

●鋳鉄による生命的空間の躍動

焼肉料理はフランス料理などと違って，たいへん原始的であり，かつ戦闘的な色彩を帯びている。それは肉を自分自身で焼いて食べるという行為を伴うからであり，人の本能を刺激する何かがあるからだろう。

名古屋の郊外にできたこの焼肉店は，人間の本質的な部分を表現する"生命的空間"をデザインのコンセプトとしており，その象徴が半円形の客席に囲まれたパティオ中央の噴水とアートオブジェである。噴水の上に突き出した皿状のオブジェには火が点され，メラメラと燃えながら揺れ動く炎は，人間の本能と生命の躍動を感じさせる。

自然石を積みあげた列柱で外部パティオと仕切られた内部客席は，鋳鉄仕上げの壁面とキャノピー状のスクリーンで構成され，また，小上がり席の天井や2階のドーム天井も鋳鉄で覆われている。赤茶色の鋳鉄が持つ荒々しい素材感覚は焼肉の油煙に汚れることもなく，血の流れのようなドクドクと脈打つ鼓動を空間にもたらしている。

3. 店内最奥の小上がり席Eを通路側から見る
View of the sitting floor E
4. ドーム天井を持つ2階客席F
2F：View of the dining F from the stair

SHINRAKAN

Grilled meat, different from French food for example, asks people to eat very wildly and actively, for the self-help manner may stimulates our instinct.

This grilled meat/food restaurant in a suburb of Nagoya city was built with a concept of lively space to stir up something instinctive in our mind and it was symbolized by an art work and a fountain in the center of a patio surrounded by semicircular seats. The art object is like a sconce or a torch extending from an edge of the fountain and on the dish-like top part is burning with flame provoking our instinct and expressing a rhythm of life.

Dining area separated from a forest of columns of natural stone and has rusted finished iron walls and canopies. The ceiling of sitting area and a dome of the second levels are covered with same finished canopies. Kept from the dust of oily smoke, reddish brown rusted material appears to be made of fresh blood and gives the space a exciting feeling.

3

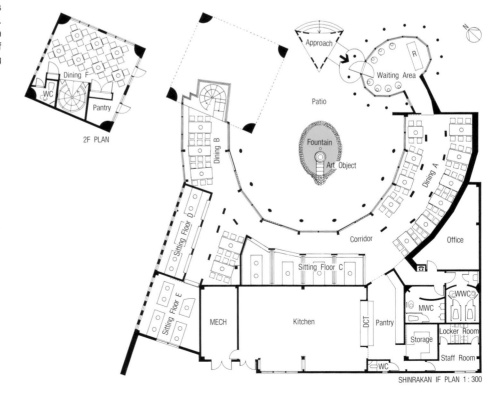

SHINRAKAN IF PLAN 1:300

屋根に甕(かめ)を乗せた郊外型焼肉ハウス

野・野

愛媛県松山市鷹の子町243-7

Korean Restaurant NO・NO

Takanoko-cho Matsuyama-shi Ehime, Designer Kazuo Fujioka

設計／藤岡和雄建築デザイン研究所　藤岡和男　武田博文
協力／設備　堤 正博　高橋 稔
コーディネート　桧垣恵子
施工／松山土建　高橋時実

1. 東側から見た正面外観。屋根の上には一対の甕(かめ)が鎮座している
View of the east side facade from the street

2

2. しっくい仕上げの1階客席Aを客席Bから見る
   1F : View of the dining A from the dining B
3. 小屋組みを露出した2階のホール客席
   2F : View of the dining hall from the entry side

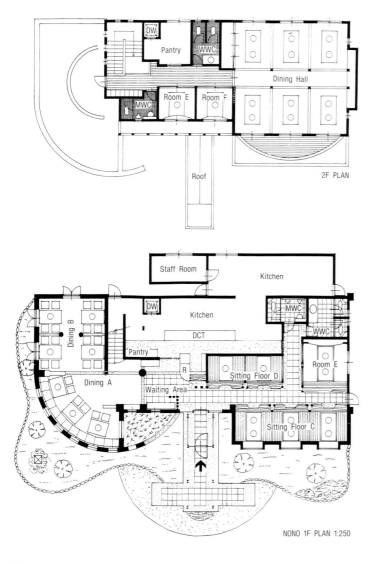

2F PLAN

NONO 1F PLAN 1:250

●憧れと怪しさをテーマとした外観

四国・松山市の郊外，車で約15分の場所にできたこの焼肉ハウスは，野に咲く一輪の花のように可憐にという意味で"野・野"とネーミングされた。

周囲に飲食店の立ち並ぶ競合ゾーンであることから，外観は1階がレンガタイル貼りのRC造，2階が木造という混構造と，ナチュラルな素材感覚によって西欧への憧れと不可解でミステリアスな印象を表現し，屋根の頂上に置かれた一対の甕（かめ）がそれをさらに強調する。

内部空間は，1階がカップル客を対象としたシックイ仕上げの落ち着いたイス席とファミリー客を対象とした和

風感覚の小上がり席に二分されており，パーティーや宴会を主目的とした2階客席は，小屋裏的イメージを狙って屋根の木組みを露出させ，年配の客にも親しみ易い空間づくりがなされている。この店のオーナーは食肉店を経営しており，美味で鮮度の良い食材を安く提供できることが，空間デザインの斬新さやサービスの良さと相まって，他店舗との競合における大きな武器となっている。

NO・NO

This barbecue restaurant's name means "field" in Japanese, and NO・NO also makes an allusion of a pretty small flower in a field. The location is a suburb about 15 minutes drive from the center of Matsuyama city in Shikoku, which is a competitive restaurant area.

The project's exterior consists of brick tiled reinforced concrete (1st floor level) and wood construction with natural material (2nd floor level) to give fascinating impression of western style. Strangely a pair of earthen pot is

fixed on the top of the roof as odd signs.

In the interior, the first floor is divided in two: a plaster finish room with tables and chairs for couples and Japanese style sitting area for families. The second floor is designed as a log houses with exposed wood construction for parties and banquets, which was intended to be loved by aged people.

The owner of this restaurant also runs a meat shop so the restaurant can serve fresh and good food by low prices. A novel design and good service surpassed other restaurants.

1

設計／安原三郎建築設計事務所
協力／松澤幸治　水島宏和　早稲田信之
施工／ゼニヤ大阪開発室

京都名物あじびるの焼肉&しゃぶしゃぶ料理店

花心

京都府京都市中京区河原町通三条下ル

1. 個室を中心とした7階フロアの通路壁面
7F：View of the corridor from the cashier side
2. しゃぶしゃぶ料理の9階フロア待合スペース
9F：View from the waiting area to the dining A

Shabu-shabu & Korean Restaurant KASHIN

Kawaramachi-dori Nakagyo-ku Kyoto, Designer Saburo Yasuhara

2

3

● 自然の素材を自立させ，対比させる
各種の飲食店を集積した商業ビルが縦に高く延びて
いくのは，地価の高い日本ならではの現象であろう。京
都の中心繁華街に立つ"あじびる"は，このような形態
の大型飲食ビルのさきがけとなった建物で，1階を流
れ落ちる滝と味の良さで人々に親しまれ，京都の名物
的な存在となっている。
今回，21年ぶりに全面改修がなされたが，すべて直営
店で占められているビルの上階に肉料理をメーンとし
たこのレストランがある。7階は宴会やパーティーを中
心とした個室フロアであり，8階は焼肉料理，9階はし
ゃぶしゃぶ料理というフロア構成である。
インテリアのコンセプトは，石，土，鉄，木といった自然
の素材そのものを用い，自然の素材が本来持っている
力強さ，温かさ，そして優しさを追求することであった。

それぞれの素材は自立し，融合することなく対比され，
主体性のある心地良い緊張感と微妙なバランスを醸し
出すことが意図された。

3. 焼肉料理の8階フロア待合スペース
   8F : View of the waiting space
4. 同じく8階フロアの客席より見た入りロドーム
   8F : View of the dining area to the entry

KASHIN

In Japan, incredibly expensive land price and
rent make small buildings higher and taller
like pencils. Located in busy commercial
area in Kyoto, the Ajibiru, typical one of the
oldest and tallest restaurant complexes, is a
popular building with its interior waterfall and

qualified tenants.
The building was totally renovated 21 years
after the construction. KASHIN is located in
the upper floor whose restaurants deal
mostly meat food and are all under the
direct management of the owner. The 7th
floor is for party rooms and banquet halls, the
8th floor for meat food restaurants, and the
9th floor for a shabushabu (boiling meat)
restaurant.
Using natural material like stone, soil, iron,
wood, etc., a designer tried to express
dynamism, warmness, and gentleness of the
nature in the interior.
Materials individually show different charac-
ters and textures, making clear contrast one
another.

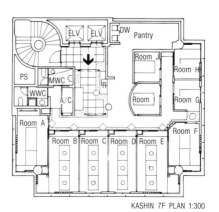

KASHIN 7F PLAN 1:300

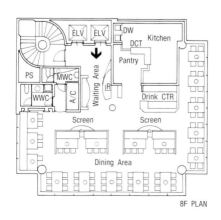

8F PLAN

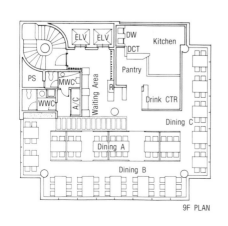

9F PLAN

4

光のラインをテーマとした朝鮮焼肉レストラン

徳寿　カンパリ店
東京都渋谷区神南１丁目６−８　カンパリビル１・２階

Korean Restaurant TOKUJU Campari

Jinnan Shibuya-ku Tokyo, Designer Yukio Hashimoto

●間接照明を引き立てる曲面板の集合体

古い飲食ビルの外観を効果的に，しかもローコストでリニューアルすることは意外に難しい。東京・渋谷のはずれにあるこのビルは，ランダムなパターンを持ったアルミのルーバーで外壁全面を覆い，ミニマムな一個の塊として存在させ，建物のイメージを一新することに成功している。

ビルの1・2階を占めるこの焼肉店は，外観のリニューアルを担当したデザイン事務所が手掛けているが，デザインのコンセプトは外部とは異なり，照明による光のラインとされた。1階の入り口まわりに配された直径6ミリのスチールロッドによるメッシュスクリーンに導かれる内部は，壁と天井がゆるやかな弧をえがく様々な曲面体のパネルで構成され，それらの合わせ目には光源が埋め込まれ，スリットから間接光のラインが浮かび上がる。

光のラインは三次元の空間を走り，スリットの向こう側にもう一つの空間があることを予感させ，それぞれの面は影絵のように実体を失って浮遊する。

1. 光のラインが壁と天井を走る1階客席A
　　1F：View of the dining A from the screen
2. 入り口わきから2階へ通じる階段まわり
　　1F：View of the staircase from the entry

TOKUJU

It is not easy to renovate effectively an exterior of an old restaurant complex on a low budget. This building off the center of busy streets of Shibuya, Tokyo, succeeded in that low cost high design renovation covered with aluminium louvers in a patch work random pattern. The building changed the previous impression instantly with the devices.

The interior of this barbecue restaurant, on the first and the second floor, was done by the same one who did the exterior, depending different concepts. A mesh curved screen of 6mm steel rods was installed around the entrance leads you to the interior consisting of curved panels describing arcs for the floor and the ceiling whose joints have built-in lamps and the indirect light can be seen through slits expressing light lines. The light pierced the space and the slits represent another world and everything looks floating like shadows on surfaces.

企画／スーパープランニング　舟橋　慶
サントリー業態開発部
設計／スーパーポテト　橋本夕紀夫
協力／東急建設　森戸　孝
施工／建築　東急建設　内装　白水社

3. スリットから光がもれる2階大テーブル席　2F：View of the big table area from the door

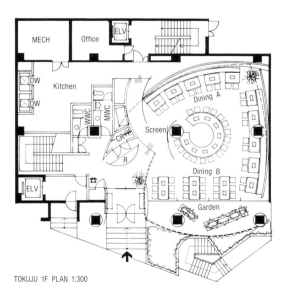

TOKUJU 1F PLAN 1:300

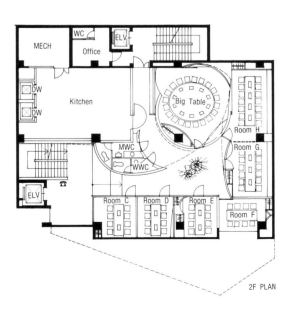

2F PLAN

設計／ジーベック　松下秀統　新田一郎
施工／嶋田デザイン工房

1. 道路側から見た入り口まわり夜景
Night view of the entry from the street

1

●空間を支配する2枚のオブジェスクリーン
朝鮮料理といえば焼肉をイメージしがちであるが，他に
も様々な料理がある。大阪の高級住宅街・帝塚山にで
きたこのレストランは，焼肉だけでなく韓国の本格的な
一品料理を本国と同じ材料で，味付けのみを日本人
好みにアレンジして提供することをコンセプトとして企
画された。
空間デザインは，ネオ・コーリアをテーマとし，円や曲
線的要素を平面，立体にかかわらず随所に表現して，
意匠の統一感を生み出している。また，全体に優しさを

表す手段として硬質なマテリアルも表面処理に錆が持
つ柔らかさを生かし，しっくい壁や玉杢との調和が図ら
れた。
円形の入り口から真鍮製の扉を押し開いて入るエント
ランスホールには，錆仕上げのスチールと真鍮による
アートオブジェ的スクリーンが白砂の上に置かれ，内部
空間を特徴づける要素としての機能を果たしている。
ゆるやかに湾曲した2枚のスクリーンは互いに端部で
交差し，パンチングされた表面から光を透過しながら，
その存在感を誇示している。

2. 外部から入り口ホールのスクリーンを見る
   View of the metal screen from the entry
3. スクリーン側から見た店内右側客席A
   View of the dining A from the screen

3

2

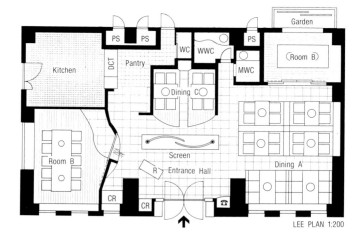

LEE PLAN 1:200

LEE

Korean food is varied and not limited to meat dishes as we often imagine its stereotype. This restaurant opened in an upper-class residential area in Tezukayama, Osaka, serves not only barbecue meat but also genuine a la carte improved to fit the Japanese taste, using the same ingredients as the ones used in Korea.

The interior design concept is so-called "Neo-Korea" and circles and curves are used in both two and three dimentional parts to unify the total impression. Rusted texture of hard materials harmonize effectively with plaster walls and volute grain of wood parts. Entering a brass door of a round entrance, visitors will encounter a screen made of rusted steel and brass on white sand in the entrance hall, symbolizing the concept. It consists of two gently curved mesh screens and shows off its existance, emitting light from inside.

設計／滝内デザイン事務所　滝内高志
施工／レスク　山中雅昭

コストダウンとデザインを両立させた朝鮮焼肉店

そら

東京都千代田区神田神保町1-9　稲垣ビル2階

Korean Restaurant SORA

Jinbo-cho Chiyoda-ku Tokyo, Designer Takashi Takiuchi

1. カウンター右端より見たレジと入り口通路
View from the counter to the cashier
2. 壁側に配されたベンチスタイルの客席
View of the bench seatings

3

●ファクターの機能をシンプルにする
地価が高いため，家賃も高くならざるを得ない日本の
大都市では，店舗の施工費を押さえてローコストの店
づくりをすることは，競争を生き抜くために重要なポイ
ントである。
学生街からビジネス街へと変容しつつある東京・神田
のビル2階にできたこの焼肉店は，ローコストとデザイ
ンを両立させた店として企画された。まず最初になされ
たことが，家具などのファクターを数多く作るのではな
く，シンプルに必要最小限度の機能を持ったものへ単
一化することで，たとえば椅子にすべきところをベンチ
スタイルにし，焼肉店には珍しいカウンター席が導入さ
れた。
また，照明器具などのファクターはコスト削減のため既
製品が使用されることが多いが，マテリアル，パーツ，
製作方法などを徹底的に分析することで，オリジナル
デザインを採用することが可能となった。これらの作業
により生み出された空間は，通常の焼肉店とは異なっ
た，シンプルで温かみのあるデザインとなり，来客の好
評を得ている。

3. スズを象嵌したバック棚のあるカウンター席
 View of the counter from the corridor

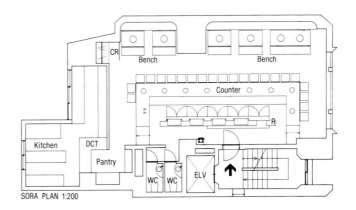

SORA PLAN 1:200

SORA
Low budget is an important thing for
designers to survive to design shops in this
country whose land price is amazingly high.
This barbecue restaurant of low cost and
high design is located in Kanda, Tokyo,
which is changing from a town of students to
that of business people. The first step a
designer should take was to use minimarist'
rules : minimun objects and furniture in a
simple space. Actually he installed benches
instead of chairs and built a counter which
was rarely used in common barbecue restau-
rants.
To reduce the cost, designers usually adopt
ready made lighting but in this project origi-
nal ones were introduced by a designer who
thoroughly studied materials, components,
and production process of lighting fixtures.
Different from ordinary style barbecue res-
taurants, this one appeals to people and
gained popularlity.

ととやじゅじゅ

大阪府岸和田市荒木町 2 丁目21-59 ヒノデ第 3 ビル

企画／QSCネットワーク　白井秀和
設計・施工・ディスプレイ／ジーベック　松下秀統　北村 聡

Restaurant TOTOYA JUJU

Araki-cho Kishiwada-shi Osaka
Designer Hidetou Matsushita

1. 櫓をイメージしたファサード前面の化粧柱と梁
Night view of the facade from the street

1

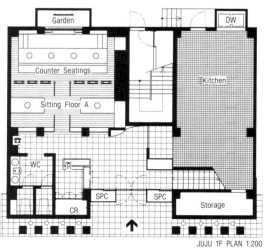

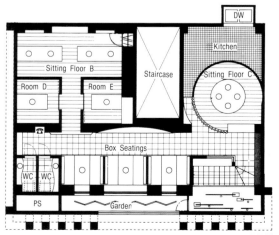

JUJU 1F PLAN 1:200

2F PLAN

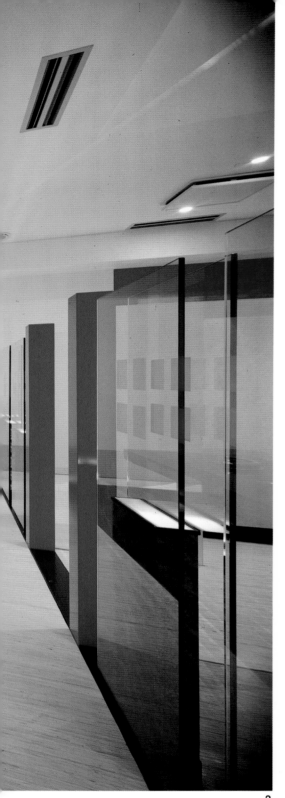

●お祭り的要素をデザインに取り入れる
ロードサイドに位置する店舗は，カードライバーにアピールするために抽象的な形態ではなく，分かりやすい具象的なフォルムを外観に採り入れている場合が多い。関西国際空港に近い大阪・岸和田市の幹線道路に面して建てられたこの郊外型レストランは，お祭り的要素，賑わいをコンセプトとし，外観デザインにもそれが直接的に感じられるものとされた。
ファサード前面には2層分の高さを持つ櫓が柱と梁を組み合わせて取り付けられ，リベット打ちされた紅塗りの扉とともに祭りの賑わいを演出している。2層に分かれた内部は，1階客席が外装のデザインを引き継いだ形でオープンな構成とされ，仕切りは和紙をサンドイッチしたガラスパーティションと間接照明を埋め込んだエッチングガラスのパーティションのみとされた。2階は1階とやや変わった表情を持たせるため，円形テーブル席，個室，ハイバックチェア席などに分割され，和紙を多用した柔らかな雰囲気の空間となっている。

2. 開放感を強調した1階奥のカウンター席
   1F：View of the counter seatings
3. 個室風の2階円形テーブル席C
   2F：View of the sitting floor C

TOTOYA JUJU
Roadside shops and restaurants often adopt concrete shapes instead of abstract ones to attract drivers' attention, for abstract forms or signs cannot be understood instantly for drivers' eyes. Build on a roadside of Kishiwada city, Osaka, near the Osaka New International Airport, this suburban restaurant has a concept of festivity and a lively business.
A wooden frame stage (two floor level height) was constructed before the facade and a red painted door was decorated with rivets give a feeling of festivity. The first level dining area were open and designed vividly echoing the facade. Partitions were glass with sandwiched rice papers and etching glass with built-in lights only. To accent the difference from the ground level, the second floor looked gentle with rich use of rice paper and it stressed the variety of the space, making a round table area, a private dining room, an area with high back chairs.

3

レ・アール

鹿児島県鹿児島市下福元町297

Korean Restaurant
LES HALLES

Shimofukumoto-cho Kagoshima-shi Kagoshima
Designer Motonori Sakata

設計／坂田基禎建築研究所　坂田基禎　井上一世　平田浩一
協力／構造　アスコラル構造研究所　設備　木村設計計画研究所
　　　コーディネート　山口径子　陶芸　谷口正典　グラフィック　橋ヶ谷佳正
施工／阿久根建設

1. ポーチ側から見た入り口まわりとメッシュのキャノピー
   Night view of the entry from the porch
2. 工業部材を多用した客席をレジ側から見る
   View of the dining B from the cashier side

●仮設的でアノニマスなデザイン

焼肉料理は客が自ら調理することに特徴があるが，そのスタイルをさらに一歩押し進め，市場感覚で客が素材を吟味し，自分の味を作れるようにしようというショップコンセプトでこの郊外型レストランは企画された。

建築のデザインは，コンセプトに沿って市場をメタファーとした仮設的で，かつアノニマス（匿名の）なものとされた。外観はカラー鉄板や小波スレート，鉄パイプなど工業部材を使ったハイテックなデザインであり，それに対して透明ガラスで仕切られた内部は，外部の無機質なイメージに対して，様々な素材と色を交錯させて市場の賑わいを演出している。また内外部を貫通する天井の

長大な鉄骨と，客席を仕切る錆仕上げのH形鋼はランダムな方向性を与えられ，仮設的なイメージを強調している。

建物前面から道路に向かって大きく翼を広げたフォルムのエキスパンドメタル製キャノピーは，雑然とした町並みに浮遊するシンボルであり，かつテラスの透けた天井となり，半外部空間として道路と店内を柔らかく隔てている。

LES HALLES

Barbecue style restaurants make customers enjoy themselves with its self-help manner. This suburban restaurant pushes the character one step forward and let customers choose ingredients as they shop in a market and cock them respecting thier tastes.

The construction is temporary, metaphorically representing an anonymous market. For a high-tec exterior, industrial materials were used : colored steel panels, corrugated asbestos cements sheets, iron pipes, etc. The interior was divided with transparent glass partitions and represented a lively market. Wide flange shaped steels penetrated walls nearly under the ceiling and they were also used, with rusted finish, as low partitions for seatings by the random positions. Those elements emphasized a temporary concept.

A metal canopy extending from the front, like spreading wings, is a symbolic sign of the restaurant on the busy streets and it is a ceiling of terrace separating the semi-exterior (a road) from the interior.

3. 波形鉄板で構成された客席Aの壁面
View of the dining A from the dining B

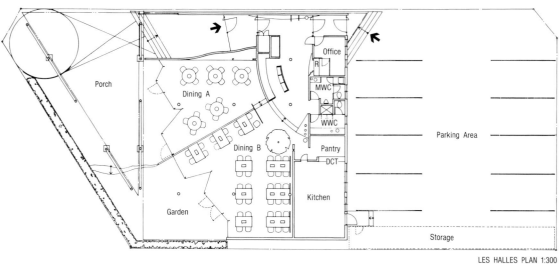

LES HALLES PLAN 1:300

イタリア・スペイン料理店

ラ フェンテ・データ(P6)

工事種別：内装のみ　新築
床面積：230㎡(うち厨房56㎡)
工期：1990年10月1日〜11月26日
●営業内容
開店：1990年12月6日
営業時間：午前11時30分〜午後2時　午後5時30分〜午後10時
定休日：日曜・祭日　電話：(03)3445-9621
経営者：㈱サンコーライフサービス
従業員：サービス12人　厨房7人　パート・アルバイト常時10人　合計29人
客席数：59席　客回転数：1.5回
客単価：昼2000円〜3000円　夜8000円〜1万円
主なメニューと単価：昼／Aランチ2000　Bランチ3500　スペシャルランチ6000　夜／Aコース8000　Bコース1万2000　スペシャルコース1万5000　仔牛肉のソテー5000　魚介入りカネロニ2500　メバルのフローレンス風4500　ワイン(ボトル)6000〜1万4000　シェリー酒700　ビール(小)700
●主な仕上げ材料
サイン：真鍮切り抜き文字　ベース／バーズアイメープル柄塩化ビニルシート貼り
床：大理石　黒御影石ジェットバーナー仕上げフローリング
壁：PBｔ12下地AEP(半ツヤ)　一部大理石骨材塗り壁(シィッタ／フッコー)　腰壁／バーズアイメープル練り付け　柱・梁／アートペイント　一部カットミラー貼り
天井：PBｔ9二重貼り下地AEP(半ツヤ)　岩綿化粧吸音板
照明器具：ダウンライト(ユニバーサルスポットライト)
家具：イス／キャブ(カッシーナジャパン)　テーブル／甲板・木下地フェルト貼り　脚・スチール焼き付け塗装　造作家具・化粧柱／バーズアイメープル練り付け
●撮影：ナカサ&パートナーズ('91年5月号)

ラ ボエム 世田谷・データ(P9)

工事種別：ファサードと内装　新築
床面積：1階191.1㎡(うち厨房50.8㎡)　地下1階160.0㎡(うち厨房29.4㎡)　合計351.1㎡(うち厨房80.2㎡)
工期：1989年10月1日〜11月20日
総工費：1億3000万円
●営業内容
開店：1989年11月25日
営業時間：午前11時30分〜午前5時
定休日：なし　電話：(03)5486-1021
経営者：長谷川実業㈱
従業員：サービス4人　厨房2人　パート・アルバイト常時15人　合計21人
客席数：140席
客単価：2040円　客回転数：2.6回
主なメニューと単価：スパゲティ各種800〜1200　コーヒー400　コロナビール800　ビール(生)650　サラダ各種600〜1300　グラスワイン350
●主な仕上げ材料
外壁：スタッコアラゴテ仕上げ人造石埋め込み(カルチャードストーン／山宗製陶)
外部床：カラーモルタル金ゴテ仕上げ　一部石貼り(テーヂーエム東京)
床：エントランス／モルタル下地石貼り　客席／カラーモルタルにガラスタイル埋め込み　一部ナラ材フローリング貼り
幅木：シナ材OP
壁：PBｔ12下地スタッコアラゴテ仕上げ　一部カルチャードストーン埋め込み
天井：コンクリート打ち放しEP
照明器具：スポットライト(遠藤照明)　アンティークシャンデリア
什器：タモ材OSウレタン塗装
●撮影：ナカサ&パートナーズ('90年5月号)

ラ ラナリータ 吾妻橋店・データ(P12)

工事種別：内装のみ　新築
床面積：339㎡(うち厨房67.5㎡)
工期：1990年10月15日〜1991年4月19日
総工費(22階すべて含む)：10億円
仮設建築軀体工事費6300万円　内装造作費6億6400万円　空調設備費8360万円　給排水衛生設備費3640万円　電気設備費8300万円　諸経費7000万円
●営業内容
開店：1991年4月26日
営業時間：ランチ午前11時30分〜午後3時　ディナー午後5時〜午後10時
定休日：なし　電話：(03)5608-5277
経営者：㈱アサヒビールレストランサービス
従業員：サービス9人　厨房7人　パート・アルバイト常時10人　合計26人
客席数：110席
客単価：5500円　客回転数：2.5回
主なメニューと単価：アサヒビール各種650　イタリアンワイン各種(フルボトル)3000〜1万2000　前菜の盛り合わせ1600〜　自家製太麺のベーコンとトマトクリームソース1600　魚のミックスグリル3000　ドーム型ピザ生ハムのせ2000　フルーツポンチイタリア風800　コース6000
●主な仕上げ材料
床：特注テラゾ貼り(大理石象嵌)512.5角
壁・天井：PBｔ12寒冷紗パテ下地スタッコ特殊加工(アルガリータ塗装／イタリア製)
腰壁：アルミ押し出しリブ材クリア吹き付け
柱：アルミ板ｔ2ペーパー加工クリアウレタン吹き付け
●撮影：ナカサ&パートナーズ('91年7月号)

サバティーニ渋谷・データ(P16)

工事種別：ファサードと内装　新築
床面積：280.29㎡(うち厨房66.55㎡)
工期：1991年2月15日〜7月3日
総工費：2億6452万円
建築軀体工事費2219万円　ファサード1404万円　サイン45万円　内装造作費7415万円　空調設備費4350万円　厨房設備費2004万円　給排水衛生設備費1615万円　電気設備費1253万円　照明器具費779万円　家具・什器費2142万円　音響設備費30万円　その他3196万円
●リストランテ・サバティーニ営業内容
開店：1991年7月6日
営業時間：午前11時30分〜午後2時30分　午後5時〜午後11時
定休日：なし　電話(03)5489-0561
経営者：㈱カーディナル
従業員：サービス7人　厨房5人　パート・アルバイト常時3人　合計15人
客席数：58席　客単価：9000円(昼夜通して)
客回転数：2.5回
主なメニューと単価：ほたてとルコラの温前菜2000　魚の詰物パスタ2000　仔羊の岩塩包み焼き6800　すずきと魚介類のトマトソース4000　車海老とルコラのリゾット3600　ワイン5000〜
●ラ・トラットリア・サバティーニ営業内容
開店：1991年7月6日
営業時間：ランチ／午前11時30分〜午後2時30分　ティータイム／午後2時30分〜午後3時30分　ディナー／午後5時30分〜午後11時
定休日：なし　電話：(03)5486-0562
経営者：㈱カーディナル
従業員：サービス9人　厨房5人　パート・アルバイト常時5人　合計19人
客席数：58席　客単価：3400円
客回転数：3回
主なメニューと単価：仔羊の炭火焼き2000　墨イカの煮込み2000　旬のお魚のグリル2500〜　手打ち幅広めんトマト味1100　国産生ビール700　イカすみのスパゲティ1700　コーヒー500
●主な仕上げ材料
〈リストランテ・サバティーニ〉
床：モルタル下地フランス産大理石ｔ20貼り本磨き500×700(GRIS FRANELLE CLAIR)　御影石ｔ20本磨き400角　ボーダー／石灰岩本磨きｔ30(ライムストーン)
幅木：スプルス材SOP　H100　ライムストーンｔ30 H40
壁：PBｔ12二重貼りAEP下地の上壁画水性クリア　鉄筋メッシュ下地土壁(スーパーSモルファインウォールデコ／日丸産業)AEP　モルタル下地ライムストーンｔ30本磨き693×472
天井：PBｔ9下地寒冷紗AEP
家具：椅子(KARINA／サワヤ&モリーニ・イタリア輸入)　ソファ／特注品イタリア製皮革張り
什器：食器／リチャード・ジノリ
〈ラ・トラットリア・サバティーニ〉
床：モルタル下地フランス産素焼き六角タイル貼りワックス仕上げ
幅木：スプルス材SOP　H40
壁：PBｔ12二重貼りOP下地壁画の上水性クリア
天井：軽鉄組みPBｔ9OP下地天井画の上水性クリア　一部スチールプレートの上土壁風仕上げ
家具：椅子(SUSPIRAL／イタリア製)　テーブル／集成材練り付け特注品
●撮影：富田　治('91年11月号)

ダノイ・データ(P19)

工事種別：内装のみ　新築
床面積：116㎡(うち厨房26㎡)
工期：1989年8月11日〜8月31日
●営業内容
開店：1989年9月5日
営業時間：正午〜午後2時　午後6時〜午後11時
定休日：月曜日　電話：(03)5485-2944
経営者：㈲ギャラップ
従業員：サービス2人　厨房4人　合計6人
客席数：30席
客単価：昼／1500円　夜／5000〜6000円
客回転数：昼／1〜1.5回　夜1回
主なメニューと単価：ランチ1200，1800，2400　生ハムと季節のフルーツ800　スパゲッティカロッツェリア1400　イカ墨のリゾット1600　帆立貝の黄ピーマンソース1800　ビール700　ウイスキー800，1000　ワイン／グラス500　デカンタ1000，1500　ボトル2000　ブランデー1000，1200
●主な仕上げ材料
床：スペイン製タイル貼り300角(テラコットタイル・バルセロナ／N・T・C)
壁：モルタル下地土壁仕上げ(ブランツII／日丸産業)　モルタル金ゴテ仕上げ　一部シナ合板下地ネオプレイン粒子入りツヤ消し塗装(ネクステル／住友スリーエム)
天井：PBｔ12下地AEP
家具：イス／黒崎貿易イデー事業部　テーブル・照明器具／アンリミテッド
●撮影：ナカサ&パートナーズ('90年5月号)

エスパーニャ ミロ・データ(P22)

工事種別：一戸建て　新築
用途地域地区：住居地域
建ぺい率制限：60%>33.79%
容積率制限：200%>67.36%
構造と規模：木造　地上2階建て
敷地面積：263.78㎡　建築面積：89.15㎡
床面積：1階88.55㎡(うち厨房43㎡)　2階89.15㎡　合計177.70㎡
工期：1989年10月25日〜1990年2月15日
総工費：3545万円(厨房設備別途)
建築軀体工事費2379万2000円　外構工事費107万円　空調設備費198万6000円　電気設備費415万2000円　給排水衛生設備費430万円　サイン15万円
●営業内容
開店：1990年2月24日
営業時間：1階／午前10時〜午前0時　2階／午前11時30分〜午後2時　午後5時30分〜午後9時
定休日：月曜日　電話：(0898)48-1536
経営者：梶原精二
従業員：厨房2人　パート・アルバイト常時5人　合計7人
客席数：39席
客単価：3500円　客回転数：3回
主なメニューと単価：レストラン／イカのスミ煮850　スペイン風オムレツ650　パエジャ2500　牛舌のココア煮850　コース料理1600〜2900　ワインボトル2000〜3200　バー／アメリカンコーヒー350　エスプレッソ400　ビール400・500　ウイスキー600
●主な仕上げ材料
屋根：コンパネ下地古日本瓦葺き
外壁：ラスモルタル下地レンガ積み　ラワン合板下地杉貼り木材保護着色塗装(キシラデコール／武田薬品工業)　入り口扉／強化ガラスビー玉埋め込み
外部床：モルタル下地玉砂利洗い出し
床：1階／モルタル下地玉砂利洗い出し　割りタイルパターン貼り　2階／コンパネ下地米松フローリング貼りワックス仕上げ　一部船舶用ロープ埋め込み
壁：1階／ラスボード下地シックイ塗り　プラスター木ごて押さえEP　土壁塗りビー玉埋め込み　スクリーン／スチールｔ3.2ビー玉埋め込み　2階／モルタル木ごて押さえ　ラスボード下地シックイ塗り
天井：1階／ラスボード下地プラスター木ごて押さえEP　2階／PBｔ9下地寒冷紗パテシゴキAEP　化粧梁／米松キシラデコール塗装
照明器具：オーヤマ照明　大光電機
カウンター：カリン材ウレタン塗装　透明ガラスｔ10
イス：アダル　フィノセッティ
●撮影：北村　徹('90年5月号)

ベリーニ・データ(P26)

工事種別：内装のみ　新築
床面積：地下2階402.95㎡　地下1階392.72㎡　合計795.67㎡
工期：1991年4月〜1992年11月(建築含む)
●営業内容

作品データ

開店：1992年11月26日
営業時間：午前11時30分〜午後11時
客単価：（ランチ）地下1階1400円　地下2階2000円　（ディナー）地下1階3000円　地下2階5000円
電話：（03）5489-1371
経営者：㈱ヒューマックス
客席数：240席
●主な仕上げ材料
床：カリンフローリング
壁：アルガンティコティンタ（ニーノジャパン）
塗料：ナラ練り付けウレタン塗装貼り分け
EP塗装　一部大理石貼り
天井：PBｔ12EP塗装
●撮影：平井広行（'93年3月号）

カ ドーロ・データ（P29）

工事種別：内装のみ　新築
床面積：116㎡（うち厨房14㎡）
工期：1990年5月8日〜6月15日
●営業内容
開店：1990年6月20日
営業時間：午前11時30分〜午後2時30分　午後6時〜午後11時
定休日：第3水曜日　電話：（06）243-8108
経営者：エーワン商事㈱
従業員：サービス3人　厨房3人　パート・アルバイト常時4人　合計10人
客席数：38席
客単価：5000円　客回転数：2回
主なメニューと単価：新鮮な海の幸のスパゲティ1600　神戸肉のイタリア風さしみ1800　ビール700〜800　牛肉の赤ワイン煮込みポレンタ添え3200　スコッチ（S）900〜　ワイン（ボトル）白4500　赤7000〜8000　ロゼ5000
●主な仕上げ材料
床：軽量コンクリート下地モルタル刷毛引き
大理石モザイクタイルパターン貼り　大理石タイル400角
壁：コンクリート打ち放し下地刷毛引きコテ仕上げ　スタッコ仕上げ　腰壁／コンクリート打ち放し下地カラープラスター刷毛引き仕上げ　大理石タイル400角
天井：PBｔ12下地VP　一部パンチングシェード　カラープラスター刷毛引きコテ仕上げ
照明器具：マックスレイ
家具：テーブル＆カウンター／タモ材染色OSクリア仕上げ　イス／モニック
●撮影：山田誠良（'91年5月号）

エノテーカピンキオーリ東京・データ（P32）

工事種別：全面改装　内装のみ
床面積：1162㎡（うち厨房176㎡）
工期：1991年11月1日〜1992年3月3日
●営業内容
開店：1992年3月19日
営業時間：午前11時30分〜午後2時30分　午後5時30分〜午後10時
定休日：なし　電話：（03）3289-8081
経営者：㈱ア・ターブル松屋
従業員：サービス22人　厨房20人　受付ほか8人　合計50人
客席数：150席　客単価：昼7000円　夜2万円
客回転数：1回
主なメニューと単価：コース料理1万5500　トスカーナの昼食5000　アンティパスト4000〜　ペッシェ5000〜　パスタ3000〜　カルニ6000〜　ワイン8000〜　グラスワイン1000
●主な仕上げ材料
床：チークフローリングｔ15ヘリンボーン貼り

ボーダー／大理石貼り（フィレットロッソ）　テラコッタ風タイル貼り（コーシン）
幅木：大理石貼り（フィレットロッソ，ロッソマニアボスキ）
壁：アンティコスタッコパテ仕上げ　天然素材しっくいコテ押さえ（アルガンチコ／ニーノジャパン）　コーナー／フィレットロッソ加工
天井：アルガンチコこて押さえ　アンティコスタッコパテ仕上げ　回り縁／アルミ＋フィレットロッソ天然石混入吹き付け材（イズム／ニーノジャパン）
照明器具：日本フロス　ヤマギワ　山田照明　モスキーほか
家具：アイデック　ヴィットマン（アイデック）　什器：リーデル　ベニーニほか
●撮影：鳴瀬 享（'92年7月号）

ヴォーノ・データ（P35）

床面積：168.94㎡（うち厨房面積18.75㎡）
工期：1990年4月1日〜5月16日
●営業内容
開店：1990年5月17日
営業時間：平日／正午〜午後2時　午後5時30分〜午後10時　日・祭日／正午〜午後9時
定休日：なし　電話：（03）5485-6731
経営者：㈱ライカ
従業員：サービス2人　厨房6人　パート・アルバイト3人　合計11人
客席数：56席　客回転数：1，2回
客単価：昼1600円　夜5000円
主なメニューと単価：食いしんぼうコース4200　シェフのおすすめコース5500
●主な仕上げ材料
床：《客席》ナラフローリングクリアウレタンツヤ消し800角特注　大理石（貴蛇紋）本磨きパターン貼り75角　一部黒御影石ジェットバーナー400角　《エントランス》ビアンコカララ本磨き650角　貴蛇紋本磨き600角　貼り分け
壁：《上部》躯体パテシゴキの上ジョリパット吹き分け（ストライプ）　《下部パネル》メープルバーズアイ染色クリアウレタンツヤ消しｔ40　《柱型》貴蛇紋本磨き　コンクリート打ち放し
天井：PBｔ12パテシゴキの上ジョリパット吹き付け
●撮影：平井広行（'90年11月号増刊）

ダ サルバトーレ・データ（P38）

工事種別：内装のみ　新築
床面積：305.40㎡（うち厨房89.70㎡）
工期：1991年8月1日〜9月30日
総工費：1億3400万円
内装造作費7030万円　空調設備費1830万円　厨房設備費1440万円　給排水衛生設備費600万円　電気設備・照明器具費1900万円　家具600万円
●営業内容
開店：1991年10月14日
営業時間：午前11時30分〜午後2時　午後5時30分〜午後10時30分
定休日：日曜・祭日　電話：（03）3579-2271
経営者：㈱アトリエ・サブ
従業員：サービス1人　厨房5人　パート・アルバイト常時12人　合計18人
客席数：120席　客単価：1万円
主なメニューと単価：ランチ／1500　2000　鯛のカルパッチョ1800　ピッツァロマーノ1200　合鴨のソテーオレンジソース2800　ビール800　グラスワイン（白）600　（赤）800　ワイン（デカンタ）2000　オレンジジュース800
●主な仕上げ材料
床：テラゾタイルパターン貼り　一部御影石貼

り　パーケットフロア　カーペット敷き
幅木：モルタル金ゴテEP　H80
壁：軽鉄組みPBｔ12下地シックイ金ゴテ仕上げ　一部石膏装飾　間仕切り／スチール角パイプ格子組みOP塗装　透明ガラスｔ8嵌め込み可動扉／米松フラッシュ合板OSCL
天井：躯体のままOPおよびEP塗装　吊り天井／鉄筋骨組みメタルラス下地シックイ塗りの上ペイント仕上げ　フレーム・菱形鋼トラス組み錆塗装
照明器具：スポットライト　ペンダント　ブラケット
●撮影：野口 毅（'92年4月号）

スパッソ・データ（P41）

工事種別：内装のみ　新築
床面積：255.43㎡（うち厨房59.40㎡）
工期：1992年3月5日〜3月31日
●営業内容
開店：1992年4月23日
営業時間：午前11時〜午後10時
定休日：第1・第3水曜日　電話：（0471）48-2082
経営者：㈱インターフェイス
従業員：サービス5人　厨房6人　パート・アルバイト常時4人　合計15人
客席数：103席　客回転数：2回
客単価：昼2500円　夜5500円
主なメニューと単価：ランチコース2000〜　ディナーコース5000〜　マグロとアボガドのヘルシーサラダ1200　アワビのイタリア風刺身5000　生ビール700　グラスワイン700
●主な仕上げ材料
床：スレート貼り400角（ボルガンディ／フッコー）　カバ材W200フローリング貼り（丸福）
幅木：木下地ブラジリアンコア突き板シート（サンフット／北三）　H60
壁：左官仕上げ（ベネチアートプロトタイプ）　腰壁／サンフットブラジリアンコア練り付けライムストーン貼り400角（ブクシオルセー／ABC商会）
天井：PBｔ12下地AEP塗装
照明器具：ウシオスペックス　遠藤照明
●撮影：瀬口哲夫（'92年7月号）

リブレ多摩・データ（P44）

工事種別：一戸建て　新築
用途地域地区：住居地域
建ぺい率：制限60％＞実効14.0％
容積率：制限200％＞実効16.3％
構造と規模：RC造　一部S造　地上2階建て
敷地面積：5118.25㎡　建築面積：717.48㎡
床面積：1階643.04㎡（うち厨房95.00㎡）　2階189.44㎡　合計832.48㎡
工期：1989年2月16日〜10月31日
●営業内容
開店：1989年11月28日
営業時間：午前11時〜午後10時
定休日：なし　電話：（0423）37-6800
経営者：㈱サンシャイン
従業員：サービス3人　厨房5人　パート・アルバイト常時22人　合計30人
客席数：1階147席　2階（パーティールーム）60席
客単価：1950円　客回転数：5回（日曜・祭日）
主なメニューと単価：コーヒー・紅茶350　ワイン（グラス）350　ビール450〜600　帆立ての蒸し焼き野菜添え1100　仔牛のカツレツチーズ風味1500　お子様ランチ800　コース3000　5000　7500　ランチ800　1000
●主な仕上げ材料

屋根：軽鉄組み木毛セメント板（SLボード／ムラケン）下地亜鉛合金複合板（サビナシルーフ／三井金属工業）　アクリルゴム屋根塗膜防水工法（アロンコート／東亜合成化学）
外壁（ドーム妻壁）：軽鉄組み化粧木片セメント板（センチュリーボード／三井木材工業）VEP
外部床：モルタル金ゴテ下地花崗岩乱貼り
床：モルタル金ゴテ下地花崗岩乱貼り　塩ビ系長尺床材（アームストロング／ABC商会）　オークフローリング（ネダレスフロア／朝日ウッドテック）
幅木：モルタル金ゴテ下地栂OP
壁：コンクリート打ち放し　内装用不燃合板（ダンカー／朝日ウッドテック）　PBｔ12下地特殊壁紙（ルナファーザー／日本ルナファーザー）AEP
天井：ドーム／SLボード下地不織布貼り　軽鉄組み不燃ロックウール化粧吸音板（ソーラトン／日東紡績）　化粧石膏ボード（ジプトーン／吉野石膏）　ダンカー貼り
家具：天然木化粧合板（ダンウッド／日東紡績）
●撮影：本木誠一（'90年11月号）

エスニックレストラン

ジアス・データ（P48）

工事種別：一戸建て　新築
構造と規模：鉄骨組み膜構造　平家建て
敷地面積：1635㎡　建築面積：1125㎡
床面積：1125㎡（うち厨房118㎡）
工期：1990年2月8日〜4月16日
●営業内容
開設期間：1990年4月20日〜11月30日
営業時間：午後5時〜午後11時
定休日：なし　経営者：サントリー㈱
運営：サザレコーポレーション
従業員：サービス13人　厨房6人　パート・アルバイト常時80人　合計99人
客席数：450席
客単価：4500円　客回転数：2.6回
主なメニューと単価：ブラジル風エビの串揚げ1800　アボガドとマグロのサラダパウリスタ風1400　特製スペアリブ1500　シェラスコミックス3600　ジアス600　特別限定醸造ビール650　ビアカクテル各種700
●主な仕上げ材料
屋根：鉄骨組みキャンバス地張り
サイン：ネオン管
床：モルタル金ゴテ押さえ下地防塵塗装
壁：スレート板エージング塗装
照明器具：演出用／パーライト（トーマス社）一般用／HID（ハイラックス／岩崎電気）
●撮影：三富　純（'90年10月号）

エル　モカンボ・データ（P52）

工事種別：内装のみ　全面改装
床面積：118㎡（うち厨房22㎡）
工期：1991年3月10日〜4月20日
●営業内容
開店：1991年5月24日
営業時間：午後5時30分〜午前0時
定休日：なし　電話：（03）5410-0468
経営者：㈱I・C・P
●主な仕上げ材料
床：既存床の上モルタル木ゴテ着色仕上げ
壁：ラスボード下地モルタル木ゴテの上プラスター木ゴテおよび全面AP塗装サンドペーパーがけの上再度AP部分塗装
天井：既存天井APローラー
家具：ソファと造作台を除きメキシコ輸入品
●撮影：鳴瀬　亨（'91年10月号）

フェスタパレス・データ（P55）

工事種別：ファサードと内装　新築
床面積：115㎡（うち厨房31㎡）
工期：1989年3月1日〜4月10日
●営業内容
開店：1989年4月30日
営業時間：午前11時〜午後11時
定休日：なし　電話：（045）661-7676
経営者：㈱エンジニアリング・フジ
従業員：サービス5人　厨房7人　パート・アルバイト常時8人　合計20人
客席数：55席
客単価：3000円　客回転数：3回
主なメニューと単価：メキシカンポークグリル1800　チョリソのチーズフォンデューメキシカン750　メキシコ風生春巻（ビーフ入り）1250　スノークラブのオーブン焼1200　メキシコ風鉄板焼2600　メキシカンコーヒー1000　オリジナルサングリア900　メキシコ産ビール800
●主な仕上げ材料

床：モルタル金ゴテ下地メキシコ輸入タイル（バランカ）　パイン材フローリング
幅木：モルタル金ゴテ下地
壁・天井：PBt12下地EPアート塗装
家具：メキシコ輸入家具
●撮影：栗田好二（'90年3月号）

別人倶楽部・データ（P58）

敷地面積：545㎡　建築面積：447㎡
床面積：1階362㎡　2階85㎡（うち厨房69㎡）合計447㎡
工期：1989年8月6日〜12月1日
工費：1億2300万円
建築躯体・外構工事費3200万円　サイン50万円　内装造作費3550万円　空調設備費800万円　厨房設備費1200万円　給排水・衛生設備費500万円　電気設備費700万円　照明器具費200万円　家具・什器費200万円
●営業内容
開店：1990年1月8日
営業時間：午前11時〜午前2時
定休日：なし　電話：（06）772-9485
経営者：㈱日峰商事　永田秀雄
従業員：サービス5人　厨房6人　パート・アルバイト12人　合計23人
客席数：バー11席　客席数89席　パティオ16席
客単価：3500円（ディナー）
主なメニューと単価：ランチメニュー800〜2000　ディナーコース3000〜8000　ミート料理800〜1500　シーフード料理700〜1500　モロッコ風串焼800
●主な仕上げ材料
屋根：瓦葺き
外壁：富士川リシン（蛇紋石混入）カキ落とし
外部床：木曽グラニットウロコ貼り
サイン：真鍮腐蝕加工
床：待合・通路／パンナムスレート　客席A・客席C／米松OSウレタン仕上げ　客席B／土舗装
壁・天井／富士川リシン中塗りスチロール引き
照明器具：アビタ　マックス
什器：シオジ框目OS着色ウレタン仕上げ
●撮影：村瀬武男（'90年11月号増刊）

カサバ・データ（P62）

工事種別：ファサードと内装　全面改装
床面積：112.2㎡（うち厨房12㎡）
工期：1991年3月11日〜5月14日
総工費：5200万円
ファサード（階段）250万円　サイン100万円　厨房設備費150万円　電気設備費3300万円　照明器具費150万円　家具・什器費550万円　アート金物・オブジェ・壁面アート700万円
●営業内容
開店：1991年5月17日
営業時間：正午〜午後2時　午後6時〜午後11時　定休日：日曜日　電話：（03）3423-3300
経営者：㈲スープストック　奥田耕史
従業員：サービス1人　厨房2人　パート・アルバイト常時3人　合計6人
客席数：57席
客単価：5000円　客回転数：1.5回
主なメニューと単価：シシ・ケバブ1800　カンガルー串焼1800　ラムのクスクス1800　モロヘイヤスープ700　羊飼いのサラダ700　ランチ980・1280　ディナー3800・4400・4800　ウイスキー（ボトル）8000　ターキッシュコーヒー400
●主な仕上げ材料
外壁：エントランスレリーフパネル／スチールメラミン焼き付け塗装　文字・スチールロッド

曲げ加工メラミン焼き付け塗装
壁：軽量コンクリート下地白セメント着色コテ押さえ一部タイル乱貼り　川／軽量コンクリート下地防水シート発泡ウレタン仕上げ
壁：モルタル下地混合プラスター塗り石灰岩埋め込み（バリストーン／バリ産）　川辺の草（パーティション）／スチール鋳加工クリアウレタン　バリストーン積み
天井：モルタル下地混合プラスター塗りバリストーン埋め込み
●撮影：鈴木　光（'91年11月号）

カマール・データ（P65）

床面積：261.95㎡
工期：1991年3月25日〜4月18日
総工費：5869万円
内装造作費1950万円　空調設備費1427万円　厨房設備費800万円　給排水衛生設備費669万円　電気設備費278万円　照明器具費215万円　家具・什器費495万円　音響設備費35万円
●営業内容
開店：1991年5月16日
営業時間：平日／午前11時〜午後3時　午後5時〜午後10時　日曜日／午前11時〜午後9時30分
定休日：なし　電話：（078）413-8702
経営者：㈲ラジ　トレーディングコーポレーション
従業員：サービス4人　厨房4人　パート・アルバイト2人　合計10人
客席数：75席
客単価：3800円　客回転数：1〜1.5回
主なメニューと単価：ディナーコース2800〜7000　ランチ1200　カレー各種700　タンドル各種1000　ピラフ700　ナン350
●主な仕上げ材料
床：モルタル下地一部木軸床上げカーペット貼り（ハセトラ別注柄）　通路／信楽焼別注タイル
壁：マジックコート骨材入り木ゴテ仕上げ
天井：PBt9EP塗装
什器：ナラ材染色クリアラッカー
●撮影：村瀬武男（'91年11月号増刊）

ガンガーパレス・データ（P68）

工事種別：ファサードと内装　全面改装
床面積：248㎡（うち厨房40㎡）
総工費：1億1000万円
●営業内容
開店：1990年7月6日
営業時間：午後5時〜午前5時
定休日：なし　電話：（03）3796-4477
経営者：㈱伊勢丹プチモンド
従業員：サービス2人　厨房7人　パート・アルバイト常時13人　合計22人
客席数：91席
客単価：7000円　客回転数：1.5回
主なメニューと単価：チキンタンドールブラッター2300　ガンガースペシャルサラダ1100　シークカバブガンガースタイル1700　カリー1500・1800・2100　ガンガースペシャル懐石スタイルコース7800　英国風フィッシュ＆チップス1000　ビール700・750・850
●主な仕上げ材料
床：モルタル下地十和田石貼りt22　一部フローリング貼り（メープル材／ボード　ブビンガ材／特注）
壁：モルタル下地十和田石貼りt22　一部スタッコ壁（スタッコ・アンティコ／エバーファースト）
天井：PB下地ブビンガ材練り付け

●撮影：瀬口哲夫（'90年9月号）

ポピーズ・データ（P71）

工事種別：ファサードと内装　新築
床面積：3階140㎡（うち厨房48㎡）4階124㎡（うち厨房37㎡）　合計264㎡（うち厨房85㎡）
工期：1991年9月3日〜11月7日
総工費：1億1280万円
サイン459万円　内装造作費7700万円　空調設備費1500万円　厨房設備費960万円　家具・什器費300万円　音響設備費361万円
●営業内容
開店：1991年11月7日
営業時間：午後5時〜午前0時（4階午前1時閉店）
定休日：なし　電話：（06）312-1981
経営者：大倉実業㈱
従業員：サービス3人　厨房5人　パート・アルバイト常時7人　合計15人
客席数：3階65席　4階50席　合計115席
客単価：3000円　客回転数：2回
主なメニューと単価：レストラン（3階）　キングロブスター（2〜3人前）3000　インドネシア風焼き飯800　チキンのタレ付けグリル900　エビ・春雨入り春巻（一本）300　カクテル各種800・900　ビール各種600〜700　バー（4階）　スピリッツ類700〜　ウイスキー700〜　カクテル各種800〜
●主な仕上げ材料
入り口外壁オブジェ：スチールプレートt3　特殊ペインティング仕上げ
〈3階／レストラン〉
床：モルタル下地小粒石混合樹脂コテ仕上げ（ヤブ原産業）　一部土間タタキ風せっ器質タイル（アルカイック／アルキオーナメント）
壁：軽量鉄骨組みPBt12下地エマルジョン系薄塗材（マジックコートHM／フッコー）一部ミラー　腰部／砂岩貼り200×400　スクリーン／セラミックブロック（ホローブロック／アルキオーナメント）
天井：軽量鉄骨組みPBt12下地AEP　一部大理石入り塗材仕上げ（シィッタ／フッコー）ルーバー／洋桜色仕上げ
キノコオブジェ：スチールシャフトφ12ハンマータタキ仕上げ　米松合板加工バーナー焼きペイント仕上げ
門オブジェ：木下地合板貼りエマルジョン系薄塗材（マジックコートHM／フッコー）
家具：藤家具（トロピカル／フォード国際商品企画）　大テーブル天板／洋桜t50染色ウレタン仕上げ
〈4階／バー〉
床：モルタル下地骨材入りモルタル染色金ゴテデザイン仕上げ　一部アビトン材フローリング
幅木：白御影石ジェットバーナー仕上げ
壁：軽量鉄骨組みPBt9下地骨材入りモルタル染色金ゴテデザイン仕上げ　腰部／藤貼り（浜田竹材）
天井：軽量鉄骨組みPBt12チーク調クロス仕上げ　ルーバー／竹材φ20（浜田竹材）
大蛇オブジェ：FRP特注ウロコ肌仕上げ（ポーマン美術装飾）
家具：テーブル・イス／バリ島現地別注　ソファ（藤栄）　カウンター天板／インドネシア産チークt8素地ワックス仕上げ
●撮影：山田誠良（'92年7月号）

アリーズ　マカン・データ（P74）

工事種別：ファサードと内装　新築
床面積：500㎡（うち厨房68㎡）

作品データ

工期：1990年7月1日～1991年1月30日
●営業内容
開店：1990年2月18日
営業時間：正午～午前2時（ランチタイム／正午～午後3時　ティータイム／午後3時～午後6時　ディナータイム／午後6時～午後11時　バータイム／午後11時～午前2時）
定休日：日曜日　電話：（03）3407-0400
経営者：中央コンサル㈱
従業員：サービス15人　厨房10人　パート・アルバイト常時25人　合計50人
客席数：162席
客単価：8000円　客回転数：1.3回
主なメニューと単価：ランチタイム／日替わりランチ1800・2500・3500・5500　ティータイム／コーヒー500　ケーキ各種600　ディナータイム／ビール900～1000　トロピカルドリンク900～1900　タヒチアンオニオンスープ（ピーナッツ豆腐の入った変わりオニオンスープ）1200　フラワーブロッサムオブスカロップ（貝柱ときくらげの黒豆入り中国風いため）2300　ハワイアンポークルアウ（ハワイ特有のパイナップルで漬け込んだ豚肉料理）
●主な仕上げ材料
床：ウエイティングコーナー／軽量コンクリート下地クラッシュ大理石パターン貼り（キャンティーパールダーク／アドヴァン，マリポサローズ／ナゴヤ通商）　モザイクタイルパターン貼り　目地モルタル　客席A／軽量コンクリート下地フローリングパターン貼りt8（カリンエイト／ボード）　客席B／軽量コンクリート下地人造大理石パターン貼り500角（フェレマーブル／アドヴァン）　ココヤシマットタイル貼り500角（ココセレクト／上田敷物）目地真鍮5×30FB磨き
壁：軽鉄組みPBt12寒冷紗パテしごき下地模様吹き付け塗材マイルドプラスター仕上げ（ジョリパット／アイカ工業）　レンガタイル貼りエイジング塗装　コンパネ下地大理石貼り本磨き（ベルリーノ／フッコー）　ラタンφ10パターン貼り染色CL
天井：軽鉄組みPBt9二重貼り下地AEPローラー一部エイジング塗装　スケルトン部分／AEP吹き付け
●撮影：ナカサ＆パートナーズ（'91年5月号）

ファーイースト クラブ・データ（P77）

工事種別：一戸建て　新築
用途地域地区：商業地域　防火地域　美観条例地域
建ぺい率制限：100％＞79.46％
容積率制限：600％＞69.66％
構造と規模：混合構造（柱／PHC杭＋S造）地上2階建て
敷地面積：574.19㎡　建築面積：456.25㎡
床面積：1階300㎡（うち厨房71㎡）　2階100㎡　合計400㎡
工期：1989年6月3日～10月4日
●営業内容
開店：1989年10月27日
営業時間：午後5時～午後11時　定休日：なし
経営者：㈱シンコーホーム
運営者：㈱ファーイーストフーズサプライ
従業員：サービス4人　厨房5人　パート・アルバイト常時15人　合計24人
客席数：200席
客単価：3300円　客回転数：2回
主なメニューと単価：タンドゥーリ風チキン（インド）600　アドボ（フィリピン）600　ビール（シンガポール・インドネシア・タイ・インド等）各種500～　トムヤンクン1500　トートマンプラー900　セットメニュー4000～　ドリンク600
●主な仕上げ材料
屋根：折版屋根　軒裏／PBt9寒冷紗パテしごきVP一部軽鉄組みアルミパネル貼り
外壁：ラスシートモルタルt30（割れ止めグラスファイバー入り）金ゴテ押さえ下地土佐漆喰金ゴテ押さえ
外部床：玉砂利骨材露出はっ水剤塗布　真鍮目地一部玉砂利敷き詰め
床：1階／外部床に同じ　2階／モルタル金ゴテ押さえフェルト付きカーペットt5貼り
壁：ラスシートモルタルt30（割れ止めグラスファイバー入り）金ゴテ押さえ下地土佐漆喰金ゴテ押さえ一部化学系じゅらく塗り
天井：PBt9寒冷紗パテしごきVP
ブリッジ：スチール200角柱ワイヤー吊り
●撮影：加斗タカオ（'90年3月号）

極楽食堂・データ（P80）

工事種別：ファサードと内装　新築
床面積：2階423.9㎡　中3階276.0㎡　合計699.9㎡（うち厨房141.8㎡）
工期：1991年5月10日～7月24日
総工費：2億436万円
ファサード510万円　サイン350万円　内装造作費9500万円　空調設備費1200万円　厨房設備費1500万円　給排水衛生設備費1162万円　電気設備費826万円　照明器具費758万円　家具・什器費2080万円　音響設備費350万円　水槽600万円　調度・装飾品購入費1600万円
●営業内容
開店：1991年7月29日
営業時間：午後6時～午前1時（土曜・祭日の前日は午前3時まで）
定休日：日曜・祭日　電話：（092）724-7000
経営者：冬野観光㈱
従業員：サービス3人　厨房5人　パート・アルバイト常時30人　合計38人
客席数：400席
客単価：3000円　客回転数：1.5回
主なメニューと単価：ビール500・550　桂花陳酒（ボトル）3000　キムチ春巻380　ナシ・ゴレン（バリ島焼飯）600　バンバンジー520　ベトナム風えびの生春巻2人前780　パーティコース／1人2200・3000・4000
●主な仕上げ材料
床：モルタルコテ磨き　一部割り石乱貼り（ゾルンホーフェン／ABC商会）ココヤシカーペット貼り小上がり席／縁甲板貼り
壁：PBt12下地寒冷紗パテしごきAEP塗装　染色漆喰塗り　人造石貼り（カルチャードストーン／山宗製陶）　竹半割り貼り
天井：スケルトンEP吹き付け塗装　一部軽鉄組みPBt12下地AEP塗装
●撮影：鳴瀬亨（'92年2月号）

猴・データ（P83）

工事種別：ファサードと内装　新築
床面積：140.78㎡（うち厨房35.30㎡）
工期：1990年7月16日～8月31日
●営業内容
開店：1990年9月1日
営業時間：午前11時30分～午後2時　夜／午後5時～午後11時（オーダーストップ午後10時30分）
定休日：なし　電話：（03）3984-5701
経営者：日本レストランシステム㈱
従業員：サービス1人　厨房4人　パート・アルバイト常時5人　合計10人
客席数：108席

客単価：3200円前後　客回転数：1.5回
主なメニューと単価：ランチ6種800～900　ビール500・550　生春巻ベトナム皇帝風680　鶏の手羽先デビル風700　タイ風ラーメン600
●主な仕上げ材料
床：カラーモルタルワックス仕上げステンレス目地棒木組み足場板ワックス仕上げ　大理石化粧貼り400角t8　タイル貼り150角
壁：ALC下地GI工法PB貼り目地パテAP塗　軽鉄組みPBt12目地パテAP塗装　木染色　擬石貼り（カルチャードストーン／山宗製陶）　コンクリートブロック積みCL
天井：既存の上一部AP塗装
●撮影：ナカサ＆パートナーズ（'91年5月号）

然・データ（P86）

工事種別：ファサードと内装　全面改装
床面積：138.6㎡（うち厨房19.8㎡）
工期：1989年7月20日～9月15日
総工費：約5000万円
●営業内容
開店：1989年9月18日
営業時間：午後5時30分～午前3時（日曜・祭日のみ午後10時まで）
定休日：なし　電話：（078）321-5247
経営者：本多正典
従業員：サービス3人　厨房3人　パート・アルバイト常時10人　合計16人
客席数：64席
客単価：2700～3000円　客回転数：1.5回
主なメニューと単価：チベットのチョボ揚400　アマゾンの串焼き1000　牛ミンチのレタス包800　然の民族焼き1200　生ビール500　ピアカクテル700
●主な仕上げ材料
床：モルタル下地コテ押さえワックスがけ　通路／木軸組みスチールチェッカードプレート
幅木：タモ材クリアラッカー塗装　H80
壁：モルタル下地小舞壁荒仕上げ　ロールスクリーン／籐
天井：モルタル下地EPツヤ消し塗装
照明器具：配線ダクト／ミラーハロゲンスポットライト　シーリングライト／ミラーハロゲン
家具：シオジ材板目貼りOSCL　カウンタートップ／シオジ材メラミン化粧板　テーブルトップ／スリガラスt18　脚／ヒノキ材　イス・籐（カサブランカ／村田合同）
●撮影：柄松稔（'90年3月号）

バクーン・データ（P89）

工事種別：ファサードと内装　新築
床面積：276㎡（うち厨房40㎡）
工期：1991年7月20日～9月1日
総工費：7300万円
●営業内容
開店：1991年9月7日
営業時間：午前11時30分～午後11時30分
定休日：なし　電話：（03）3442-7601
経営者：㈱トルド
従業員：サービス2人　厨房3人　パート・アルバイト常時5人　合計10人
客席数：90席　客回転数：2.4回
客単価：夜4500円
主なメニューと単価：昼／ランチ850～1100　夜／プコタンコース2500～3800　ユッケ1000　ナムル500　グラスハウスワイン500　生日本酒800　生ビール600
●主な仕上げ材料
アプローチ段階：天井＆壁／スチールパイプ組みキャンバス張り（テープライトまわり）階段

踏面／ナラ集成材
アプローチ床：モルタル木ゴテ押さえ　一部石埋め込み　ガラス玉埋め込み
床：コンパネ下地強化リノリウムパターン貼り（アロマナチュール／アドヴァン）
幅木：モルタル金ゴテ押し上げVP
壁：既存コンクリートブロックの上に中塗り用プラスター木ゴテ押さえ　パーティション／中塗り用プラスター木ゴテ押さえ　一部割りタイル貼り　模造ダイヤ埋め込み
天井：スケルトンVP塗装
照明器具：スケルトンスポットおよびメタルハライドDL直付け
イス：アイデックおよび秋田木工
什器：ワラン合板染色　コンロ台／ダクトインタイプ　トップ・メラミン貼り
大パオ席スクリーン：スチールパイプキャンバス吊り
●撮影：鳴瀬亨（'92年4月号）

蝦蟹市場 クンポ・データ（P92）

工事種別：ファサードと内装　全面改装
床面積：1755.60㎡（MB1階含む・うち厨房330.32㎡）
工期：1990年7月20日～10月20日
総工費：6億6353万円
解体撤去費4000万円　内装造作費2億4900万円　厨房設備費8250万円　電気設備費4000万円　空調・給排水衛生設備費8000万円　照明器具費8000万円　家具・什器費2913万円　音響設備費1690万円　ディスプレイ（アンティークパーツ他）4600万円
●営業内容
開店：1990年10月27日
営業時間：午後5時～午前0時
定休日：なし　電話：（052）252-7890
経営者：S＆S㈱
従業員：サービス20人　厨房20人　パート・アルバイト常時35人　合計75人
客席数：客席D・E400席　客席B300席　個室A・C50席×2　合計800席
客単価：4500円　客回転数：1回
主なメニューと単価：蝦料理1800～3500　蟹料理1200～3000　クンポしゃぶしゃぶ3500　トムヤンクン1200　中華・エスニック料理約50品　ビール480・500・600　ワイン（20種）2800～1万　ウイスキー（ショット）700～1800　ソフトドリンク500
●主な仕上げ材料
外壁：結晶化ガラス（ネオパリエ／日本電気硝子）　粒状石英砂タイル（リバーストーンカーペット／アドヴァン）
外部床：レンガタイル　リバーストーンカーペット
床：モルタル下地リバーストーンカーペット市松模様貼り　石灰岩貼り（ジェラストーン／テーチーエム東京）フローリング貼り　強化ガラスt12貼り
壁：波形スレート下地自然細石圧着クロス貼り（ストーンウォール／アドヴァン）　モルタル掻き落としゴールド塗装　強化ガラスt12　ガラスパネル樹脂　フィルム貼り　柱巻き／H1800まで荒縄巻き
天井：躯体にリシン吹き付け　天吊り屋根／スチールフレームメラミン焼き付け　傘／オーク材OSCL
●撮影：加斗タカオ（'91年5月号）

エラワン・データ（P96）

工事種別：内装のみ　全面改装

床面積：790㎡（うち厨房76㎡）
総工費：2億8000万円
●営業内容
開店：1992年5月28日
営業時間：午後5時〜午後11時
定休日：なし　電話：(03)3404-5741
経営者：㈱ヒューマックスエステート
従業員：サービス8人　厨房12人　パート・アルバイト常時15人　合計35人
客席数：312席　客単価：4800円
主なメニューと単価：エビのスパイシーサラダ1400　トムヤンクン1800　シンハービール800
●主な仕上げ材料
床：エントランス／モルタル下地石灰岩貼り（ジュラストーン／TGM東京）　客席／木軸組みコンパネt12下地サンウッド乱尺貼り　一部モルタル金ゴテ仕上げオイルフィニッシュ
幅木：チーク材OSCL
壁：エントランス／PBt12下地プラスター塗り　一部チーク材柾目突き板シート貼り（サンフット／北三）　客席／チーク材化粧格子OSCL　チーク材サンフットOSCL
天井：スケルトン天井VP　一部よしずパネル
●撮影：ナカサ＆パートナーズ（'92年7月号）

イートバー・データ（P100）

工事種別：内装のみ　全面改装
床面積：100.13㎡（うち厨房18.35㎡）
工期：1991年9月初旬〜10月末日
総工費：3560万円
内装工事費2000万円　空調設備費600万円　厨房設備費450万円　給排水衛生設備費230万円　電気設備費280万円
●営業内容
開店：1991年11月5日
営業時間：午前11時30分〜午後2時　午後5時30分〜午後10時　電話：(03)3216-4851
定休日：土曜・日曜・祭日
経営者：㈱井上絵美
従業員：サービス3人　厨房3人　パート・アルバイト常時1人　合計7人
客席数：56席　客単価：昼980円　夜3800円
客回転数：昼2.1回　夜1.2回
主なメニューと単価：タイ風生春巻730　豆腐のいためチャンプル風730　手羽先のギョーザ揚げ780　海老のタイ風サラダ980　若鶏の網焼きゆず風味950　ビール520　冷用酒（純米酒）580
●主な仕上げ材料
床：小石洗い出し（色粉入り）パターン塗り
壁：大理石骨材入り塗材3色パターン塗り一部5色パターン（シィッタ／フッコー）　飾り柱／ナラ染色CL　スチールOP化粧ビス止め　一部白熱球内蔵
天井：リシン吹き付け
●撮影：ナカサ＆パートナーズ（'92年5月号）

中国料理店・朝鮮焼肉店

ケフェウス・データ（P104）

工事種別：内装のみ　新築
床面積：地下1階196.9㎡　地下2階196.9㎡（うち厨房60.0㎡）　合計393.8㎡
工期：1990年12月1日〜1991年1月10日
●営業内容
開店：1991年2月1日
営業時間：午前11時〜午後2時　午後5時30分〜午後11時
定休日：日曜・祭日　電話：(03)3476-0651
経営者：㈱シノザキ
従業員：サービス5人　厨房4人　パート・アルバイト常時8人　合計17人
客席数：109席（バー13席含む）
客単価：8000〜9000円　客回転数：約1回
主なメニューと単価：コース5000〜1万5000　生ビールS500　M600　ハウスワイン600　コーヒー・紅茶500　カクテル各種900〜
●主な仕上げ材料
床：地下1階／樹脂モルタル成形下地アート塗装　一部玉砂利洗い出し　地下2階／フローリング貼りOSCL
壁：地下1階／樹脂モルタル成形下地アクリル塗装　地下2階／PBt12下地チタン貼り（日本金属ハウスウエア工業組合共同開発研究所）
オブジェ／アクリル板＋ガラス波形加工　手握り／異形鉄筋＋アルミOP
天井：地下1階／コンクリート打ち放しVP　地下2階／コンクリート打ち放しVP　PBt12下地チタン貼り（日本金属ハウスウエア工業組合共同開発研究所）
照明器具：大光電機
家具：マエブラテリア
ディスプレイプレート：ノリタケ
●撮影：野口毅（'91年5月号）

ソーホーズ ウエスト・データ（P108）

工事種別：一戸建て　新築
用途地域地区：近隣商業地域　第一種住居専用地域
建ぺい率：制限68.5％＞実効56.7％
容積率：制限161.8％＞実効143.9％
構造と規模：RC造　地下2階　地上2階建て
敷地面積：796.0㎡　建築面積：452.0㎡
床面積：地下2階292.0㎡　地下1階115.0㎡　1階385.0㎡　2階354.0㎡　合計1146.0㎡（うち厨房170.0㎡）
工期：1991年11月15日〜1992年8月31日
●営業内容
開店：1992年9月18日
営業時間：ロイズ（地下1・2階／中国料理）／午前11時30分〜午後3時　午後5時30分〜午後11時（日曜日は午前10時開店）　青龍門（2階／ハワイアン料理）／午前11時30分〜午後3時（土曜・日曜・祭日を除く）　午後5時30分〜午前4時（日曜・祭日は午後11時30分）
定休日：なし　電話：ロイズ／(03)5706-6555　青龍門／(03)5707-1990
経営者：㈲川産業　月川蘇豊
従業員：ロイズ／サービス5人　厨房10人　パート・アルバイト25人　合計40人　青龍門／サービス3人　厨房10人　パート・アルバイト33人　合計46人
客席数：ロイズ／120席　青龍門／220席
客単価：ロイズ／約5000円　青龍門／約2800円
主なメニューと単価：ロイズ／フレッシュなマヒマヒロースト2500　ビストロ風ビーフのフィレステーキ3800　ビール700〜850　オリジナル

ワイン／グラス900　ボトル4600
青龍門／しじみの醤油漬480　台湾ビーフいため680　牛バラ肉の香辛料1800　笹の葉のちまき380　フカヒレ入ギョーザ580　青菜のお粥680　ライチ380　生ビール580　紹興酒・グラス580　ボトル1800　桂花陳酒・グラス780　ボトル2900
●主な仕上げ材料
外壁：コンクリート打ち放し　アクリル系樹脂塗材（エポカ／エバーファースト）
外部床：大理石貼りブラスト仕上げ
サイン：ステンレス鏡面エッチング仕上げレフ球内蔵
床：米松フローリング染色仕上げ　モルタル金ゴテ仕上げ
壁：モルタル金ゴテ仕上げ　モルタル下地エポカ塗装　コンパネt12下地天然木化粧合板（ダンウッド／日東紡績）　一部鉄骨組みコンパネt12下地鉛板貼り　ラミネートフィルム貼り　アルミアルマイト染色パネル貼り　透明ポリカーボネート板下地透光性模様ガラス塗料吹き付け　GRC下地モルタル擬岩風仕上げ
天井：PBt12下地VPコンクリート打ち放し
照明器具：特注照明（松下電工）
家具：特注家具（イデー）
●撮影：ナカサ＆パートナーズ（'92年11月号）

エスカミューズ・データ（P113）

工事種別：一戸建て　増改築
用途地域地区：住居地域
建ぺい率：制限60％＞実効17.49％
容積率：制限200％＞実効8.69％
構造と規模：レンガ組積造　S造　平家建て
敷地面積：5904.12㎡　建築面積：1032.18㎡
床面積：1025.49㎡（うち厨房148㎡）
工期：1988年9月17日〜1989年4月19日
総工費：4億1600万円
解体撤去費1000万円　建築躯体工事費1億7800万円　外構工事費3800万円　内装造作費8200万円　空調設備費2900万円　厨房設備費3800万円　給排水衛生設備費2400万円　電気設備費3100万円　照明器具費400万円　音響設備費200万円
●営業内容
開店：1989年4月20日
営業時間：午前11時30分〜午後11時
定休日：なし　電話：(06)386-2750
経営者：㈱ホテルプラザ
従業員：サービス3人　厨房13人　パート・アルバイト24人　合計40人
客席数：220席　客単価：昼1500円　夜3500円
客回転数：平日3.5回　土曜・日曜・祭日4.5回
主なメニューと単価：スペシャルディナー月7000　活伊勢海老のお造り6000　フカヒレスープ1400　牛肉と椎茸のみそソテーレタス包み1400　シュリンプのチリソース1200　ビール500　グラスワイン400　しょうこう酒400（グラス）
●主な仕上げ材料
屋根：ヴォールト／ラス下地パーライトモルタルt40の上鉄板葺き焼き付け塗装　陸部／ALC版t100シート防水
外壁：既存レンガ積み　鉄板焼き付け塗装化粧ビス止め　コンクリート化粧打ち放し合成樹脂系塗膜防水剤（ウエテキシS／東亜貿易）
外部床：ピンコロ石貼り　コンクリート洗い出し　中庭／大理石貼り400角　目地ステンレス埋め込み　テラゾブロック貼り450角　ステンレス埋め込み　テラゾブロック貼り真鍮板埋め込みφ500　ラスタータイル貼り　池／ラスターモザイクタイル貼り45角　ガラスタイル貼り
床：大理石貼り400角　目地ステンレス埋め込

み　テラゾブロック貼り450角　目地ステンレスラスタータイル貼り　大理石モザイク模様貼り
壁：既存レンガ壁　鉄板焼き付け塗装　化粧ビス止め　コンクリート化粧打ち放し
天井：PBt9下地寒冷紗パテシゴキ合成樹脂エマルジョン系塗材吹き付け
照明器具：松下電工
家具：椅子（特注）／フレーム・スチールハンマートーン塗装　裂地・レザー張り　テーブル（特注）／栓材染色クリア塗装
●撮影：藤原弘（'89年8月号）

聘珍桜 吉祥寺店新館・データ（P118）

工事種別：ファサードと内装　新築
床面積：1階156.15㎡（うち厨房110㎡）　2階216.35㎡（うちパントリー25㎡）　3階395.38㎡（うちパントリー24㎡）　合計767.88㎡（うち厨房・パントリー159㎡）
工期：1988年8月10日〜11月10日
総工費：約3億円
●営業内容
開店：1988年11月13日
営業時間：午前11時〜午後9時30分
定休日：なし　電話：(0422)21-7151
経営者：㈱聘珍桜
従業員：サービス10人　厨房14人　パート・アルバイト常時10人　合計34人
客席数：2階72席　3階102席　合計174席
客単価：5000円　客回転数：昼1回　夜1回
主なメニューと単価：ランチ1000　1200　1500　特選季節のコース3000〜2万　冷菜・焼きもの前菜1200〜3600　おそば1000・1400　あわび・海鮮2500〜4500　ごはん1000・1400　ウイスキー500・600　ワイン2600・4000　中国酒400
●主な仕上げ材料
外壁：黄竜山石ビシャン叩き一部水磨き　サッシュ／スチール焼き付け塗装　一部塩化ビニルシート貼り（ベルビアン／シーアイ化成）
床：大理石＆黒御影石本磨きパターン貼り　ナラ材フローリング着色ウレタン塗装　カリン材フローリングワックス拭き
幅木：ナラ材着色CL
壁：インド砂岩しっくい塗り込め　ナラ材練り付け着色CL
天井：軽鉄組みPBt12下地パテシゴキEPつや消し　一部しっくい塗り　ガラスブロック
家具：ナラ着色CL　イス・ベンチシート／レザー貼り付け　柱　扉／インド製アンティーク
●撮影：本木誠一（'89年4月号）

嵐山 主水・データ（P123）

工事種別：一戸建て　新築
用途地域地区：第2種住居専用地域　土地区画整理地域
建ぺい率：制限60％＞実効58.98％
容積率：制限200％＞実効125％
構造と規模：RC造　地下1階　地上2階建て
敷地面積：898㎡　建築面積：535.78㎡
床面積：地下1階529.72㎡（駐車場）　1階498.32㎡　2階456.41㎡　合計1484.45㎡（うち厨房183㎡）
工期：1990年11月20日〜1991年9月5日
●営業内容
開店：1991年9月14日
営業時間：昼間／午前11時〜午後3時　夜間／午後5時〜午後9時30分
電話：(06)846-7111　経営者：原田知樹
従業員：サービス4人　厨房12人　パート・アルバイト常時10人　合計26人

客席数：180席　客単価：昼間2600円　夜間6700円
客回転数：昼間1回　夜間1.5回　合計2.5回
主なメニューと単価：コースメニュー／大原4000　大秦6000　清水8000　嵯峨野1万　嵐山1万2000　ドリンク／ワイルドターキー1000(S)　マーテルVSOP(S)1300　マテウス2500(ボトル)
●主な仕上げ材料
屋根：モルタル金ゴテ押さえ下地露出アスファルト防水シルバー塗材吹き付け
外壁：コンクリート打ち放し下地黒御影石ジェットバーナー　石状吹き付けタイル(カラグラニー／山本窯業化工)
外床：黒御影石ジェットバーナー
床：1階入口ホール／玉砂利敷き　粘板岩貼り(クォーツサイト割り肌／ダイアストーン)　飛び石・御影石ジェットバーナー　1階客席／シオジ材染色クリアウレタン600角　2階客席／クォーツサイト割り肌　2階小上がり席／畳敷きヘリナシ900角
壁&天井：プラスター木ごて押さえの上にEP塗装　一部ステンレスサンダー掛け　2階小上がり席壁／シックイ塗装　一部寒水カキ落とし　2階渡り廊下：格子／スプルス材無塗装
照明器具：ウシオスペックス
椅子：ルビックピンドボナ別注色(黒崎貿易イデー事業部)　ディヴィナ(ヴィータ)　アマート(ADコア・ファニィズ・インターナショナル)　2階カウンターイス　モンタルチーノ(イルベント)
1階テーブル：甲板／フロストガラス面取り加工t12
●撮影：ナカサ＆パートナーズ('91年11月号)

海鮮市場 K・データ(P128)
工事種別：内装のみ　新築
床面積：235㎡(うち厨房28㎡)
工期：1990年5月10日～7月8日
●営業内容
開店：1990年7月11日
営業時間：午前11時30分～午後2時(ランチ)　午後5時～午後10時(ディナー)
定休日：なし　経営者：大倉実業㈱
従業員：サービス4人　厨房6人　パート・アルバイト常時5人　合計15人
客席数：レストラン90席　バー23席　合計113席　客単価：約4000円(ディナータイム)
客回転数：約1回
主なメニューと単価：中国海鮮料理一品500～3500　コース料理(一人前)4000・6000・8000　青海ビール500　杏露酒700
●主な仕上げ材料
床：モルタル下地石英岩貼り(クウォーツサイト／名古屋通商)　玉砂利洗い出しウレタン処理　一部黒御影石貼りジェットバーナー
壁：ラスボード下地ブラスター木ゴテ押さえ(YNブラスター／吉野石膏)　一部麻布貼り
天井：ラスボード下地YNプラスター木ゴテ押さえ　一部麻布貼り
スクリーン：スチール黒皮化粧鋲打ち曲げ加工栂材無塗装90×90
照明器具：ダウンライト(ウシオスペックス)
大テーブル：トップ／シナ合板下地ポリウレタン塗装
ロングテーブル：トップ／黒御影石本磨きt30
テーブル：トップ／ステンレスサンダー掛けクリア
イス：レジア(イカミコレクション)　スタルクチェア(カルテルジャパン)
●撮影：ナカサ＆パートナーズ('90年11月号)

三彩・データ(P132)
工事種別：一戸建て　新築
用途地域地区：近隣商業地域
建ぺい率：制限100%＞実効83.16%(建物全体)
容積率：制限395.60%＞実効394.80%(建物全体)
構造と規模：RC造　地下1階　地上5階建て
敷地面積：942.12㎡
建築面積：336.36㎡(店舗部分のみ)
床面積(店舗部分のみ)：1階200.64㎡(うち厨房89.43㎡)　2階216.45㎡　3階239.65㎡　5階70.13㎡
工期：1990年2月1日～10月30日
●営業内容
開店：1990年11月18日
営業時間：午前11時～午後10時
定休日：なし　電話：(078)736-3303
経営者：㈱三彩　岸本日出夫
従業員：サービス7人　厨房17人　パート・アルバイト常時15人　合計39人
客席数：1階50席　2階90席　3階110席　5階20席　合計270席
客単価：2800円　客回転数：1.8回
主なメニューと単価：コース／昼3000～　夜4000～　海鮮焼きそば800　ペキンダック3500　ビール(中)500　日本酒450～　招興酒ボトル1600　5階／ウイスキー800～　ブランデー1200～　カクテル1000
●主な仕上げ材料
屋根：ステンレス鋼板t0.4葺き
外壁：磁器質タイル貼り50角　コンクリート化粧打ち放し　丸柱／石調塗材吹き付け
外床：豆砂利洗い出し樹脂固め　一部黒御影石バーナー仕上げ
サイン：スチールメラミン焼き付け塗装
床：1階／塩ビタイル貼り　2階／長尺塩ビシート貼り　ナラ材フローリング着色透明ウレタン塗装　3階／塩ビタイル貼り　カーペットタイル貼り　5階／カーペット敷き
幅木：1階／松材板目着色CL　2階／底目地
壁：1階／コンクリート下地EP　2階／アクリル系左官仕上げ塗材木ゴテ押さえ(デュッセル／フッコー)　3階／コンクリート下地EP一部腰壁・木製パネルラッカー塗装　5階／PBt12下地ビニルクロス貼り
天井：1階／コンクリート下地EP　2階／PBt12下地EP　3階／コンクリート下地EP　5階／繊維強化石膏ボード下地EPおよびビニルクロス貼り
什器：メラミン化粧板　一部ラッカー塗装
●撮影：山田誠良('91年5月号)

上海園林・データ(P136)
工事種別：内装のみ　新築
床面積：241㎡(うち厨房56㎡)
工期：1991年1月8日～3月31日
総工費：1億6500万円
仮設工事費170万円　サイン350万円　内装造作費4500万円　空調設備費1000万円　厨房設備費1200万円　給排水衛生設備費615万円　電気設備費380万円　照明器具費700万円　家具・什器費3150万円　音響設備費200万円　コンピューター関連機器その他2735万円
●営業内容
開店：1991年4月23日
営業時間：ランチ／午前11時30分～午後2時30分　ディナー／午後5時30分～11時　定休日：日曜
電話：(03)5472-6606　経営者：林　文年
従業員：サービス10人　厨房6人　パート・ア

ルバイト2人　合計18人
客席数：80席　客単価：6000円
客回転数：ランチ&ディナー各1～1.5回
主なメニューと単価：園林弁当2400　ランチコース晶4000　ディナーコース福6000　杏8000　単品各種1400～　ビール600　紹興酒2000　日本酒600
●主な仕上げ材料
サイン：スチール下地シンチュウゴールド仕上げ　塩ビシート(ダイノックシート／住友スリーエム)アクリル文字
床：入り口・通路／モルタル下地大理石模様貼り本磨き　一部黒御影石貼り(インパラブラック)　客室／ウールカーペット(住江織物)　コーナー・大理石
幅木：大理石貼り　H150
壁：通路・個室／軽量鉄骨組み不燃PBt9＋不燃PBt12下地シックイ塗り　客室／クロス貼り(トミタ)　個室腰壁／松材化粧合板(ウエルドパネル／朝日ウッドテック)　アプローチアーチ／オーストラリアン砂岩
スクリーン：強化ガラスサンドブラスト加工(保坂ガラス)
天井：軽量鉄骨組みPBt12下地ラッカー塗装
照明器具：ダウンライト(遠藤照明、大光電機)　スタンド(ヤマギワ)
家具：タモ柾OS仕上げ
●撮影：野口　毅('92年7月号)

ア タント・データ(P139)
工事種別：内装のみ　全面改装
床面積：111.5㎡(うち厨房25.9㎡)
工期：1991年7月1日～9月6日
●営業内容
開店：1991年9月26日
営業時間：午前11時30分～午後11時30分
定休日：日曜日　電話：(03)3586-4431
経営者：㈱ア・タント　アルファ
従業員：サービス3人　厨房4人　パート・アルバイト常時10人　合計17人
客席数：67席(うちテラス24席)
客単価：昼2500円　夜1万円
主なメニューと単価：ランチ2000　コース6000～　ふかひれの姿煮青菜添え2枚より1万2000～　車海老と豆腐しょうゆ煮2尾より3600～　冬の竹の子と中国塩菜4000　グラスワイン800　ビール800　中国酒(グラス)600～900　フレッシュオレンジジュース1000　コーヒー600
●主な仕上げ材料
床：モルタル下地テラゾタイル貼り600角(アボマーブル／ABC商会)
壁：PBt12下地クロス貼りAEPローラー引きの上ペインティング仕上げ
天井：PBt12下地寒冷紗パテシゴキAEPローラー引き仕上げ
照明器具：特注間接照明FL内蔵　DL埋め込み
スクリーン：シナ合板下地ラッカー吹き付け(ゴールド)
●撮影：ナカサ＆パートナーズ('91年11月号)

ソラリス・データ(P142)
工事種別：内装のみ　新築
工期：1990年8月25日～10月31日
設計協力：照明計画／TLヤマギワ研究所
●営業内容
開店：1990年12月2日
営業時間：午前11時～午後11時30分
定休日：なし　電話：(06)433-9900
経営者：㈱タケツースペースクリエイト

従業員：サービス5人　厨房8人　パート・アルバイト常時10人　合計23人
客席数：96席　客単価：昼900円　夜5000円
主なメニューと単価：棒々鶏1200　糖醋黄魚2000　小篭包1200　黒竜牛肉2000　コース料理5000～　カクテル各種800～
●主な仕上げ材料
床：モルタル金ゴテ下地塗り床材(カラクリート／ABC商会)　フロアバンド／ステンレスHL
幅木：モルタル金ゴテ下地カラクリート
壁：PBt12下地スタッコ仕上げ(スタッコ・アンティコ／エバーファースト)
天井：PBt9下地AEP
家具：チェア(パルマーチェア／インターデコール)　カウンターチェア(パルマーカウンターチェア／インターデコール)
什器：壁面収納／マホガニー染色ウレタン塗装　バーカウンター／木下地ウレタン塗装＋ガラスt15サンドブラスト
●撮影：藤原　弘('91年1月号)

テイテ・データ(P145)
工事種別：ファサードと内装　全面改装
床面積：2階104.1㎡　3階104.0㎡(うち厨房50.8㎡)　合計208.0㎡
工期：1989年6月10日～7月15日
総工費：4800万円
解体撤去費150万円　ファサード250万円　サイン70万円　内装造作費1950万円　空調設備費550万円　厨房設備費780万円　給排水衛生設備費220万円　電気設備費250万円　照明器具費130万円　家具・什器費370万円　音響設備費80万円
●営業内容
開店：1989年7月20日
営業時間：午前11時30分～午後10時
定休日：月曜日　電話：078(321)3332
経営者：㈲郭
従業員：サービス1人　厨房5人　パート・アルバイト常時4人　合計10人
客席数：80席　客回転数：1.25回
客単価：昼750円　夜2500円
主なメニューと単価：ランチ20種類600～1000　白身魚(鯛)の広東式お刺身2000　八宝菜600　あさりのネギ・ショウガの酒蒸し1000　すぶた600　ビール(中)400　ウイスキー・バーボン(S)500　紹興酒(一合)500
●主な仕上げ材料
外壁：擬石貼り(タンコブル／三和物産)
外床：天然スレート貼りt25(レッドセゴビア／昭和インベックス)
床：磁器質モザイクタイル貼り(S番モザイク／イナックス、アクティー／KFセラミック)
壁：モルタル下地アクリル樹脂系粒状左官材コテ押さえ(マジックコートおよびシィッタ／フッコー)　色粉入りプラスター虫喰い仕上げ一部ジュラク吹き付け　柱・梁形／現場吹き付け人造石(ハマキャストジュエル／ハマブルーフ)
天井：既存コンクリート打ち放しEP塗装
照明器具：グローブパイプペンダントライト(遠藤照明)　スポットライト
家具：大テーブル・テーブル甲板／メラミン化粧板(アイカ工業)　イス(アポール／キノシタ)
●撮影：柄松　稔('90年3月号)

パオ ロード・データ(P148)
工事種別：内装のみ　新築
床面積：268㎡(うち厨房51㎡)

工期：1990年1月10日～3月8日
総工費：1億230万円
●営業内容
開店：1990年3月12日
営業時間：午後5時～午後11時
定休日：なし　電話：(06)241-8885
経営者：㈱皇宮（ファンコン）
従業員：サービス2人　厨房5人　パート・アルバイト常時6人　合計13人
客席数：100席
客単価：3400円　客回転数：1.1回
主なメニューと単価：パオ料理(13種)各600
飲茶400・500　海鮮料理800～　肉料理700～
中国酒カクテル600　バドワイザービール480
●主な仕上げ材料
床：モルタル下地石灰岩乱貼り（ジェラストーン／テーヂーエム東京）　テラゾブロック貼り600角　粒石塗り床材（アーバンロック／ヤブ原産業）
幅木：ラスモルタル下地石灰岩乱貼り（ジェラストーン／テーヂーエム東京）
壁：軽鉄組みメタルラス下地色モルタル化粧仕上げ　一部中国割り皿パターン埋め込み　木製透かし彫りスクリーン嵌め込み　パオ／カラープリント布両面仕様
天井：PBt9下地EP　一部既存スラブEP
照明器具：ダクトレール・ダウンライト（小泉産業）
家具：イス／アイデック　ベンチ／シオジ材ムクt40CL
什器：カウンター／シオジ材ムクt75CL
●撮影：福本正明（'90年8月号）

平壌亭・データ（P151）

工事種別：一戸建て　新築
用途地域地区：住居地域
建ぺい率：制限60％＞実効50.63％
容積率：制限200％＞実効68.46％
構造と規模：RC造　地上2階建て
敷地面積：995.93㎡　建築面積：504.27㎡
床面積：1階499.85㎡（うち厨房119.84㎡）2階181.93㎡（貸店舗）　合計681.78㎡
工期：1991年6月12日～1992年1月16日
総工費：約2億4000万円
●営業内容
開店：1992年1月22日
営業時間：午後3時～午前0時
定休日：火曜日　電話：(07712)3-8410
経営者：㈱チャコール・ロースティング平壌亭
従業員：サービス3人　厨房5人　パート・アルバイト常時17人　合計25人
客席数：180席（宴会場を含む）
客単価：4800円　客回転数：1.2回
主なメニューと単価：宴コース5500　焼肉セット4200　ほのぼのパック2500　アバラ900　ユッケ900　石焼ビビンパ950　生ビール520　日本酒450　ジュース250
●主な仕上げ材料
屋根：コンクリートアスファルト防水砂利押さえ　一部木毛セメント板t25下地アルミ亜鉛合金メッキ鋼板t4瓦棒葺き（ガルバリウム鋼板／大同鋼板）
外壁：型枠コンクリートブロック積みt200シリコン吹き付け　コンクリート化粧打ち放しシリコン吹き付け
外部床：豆砂利洗い出し　一部コンクリート金ゴテ押さえ
床：玄昌石貼り　一部御影石貼り本磨き　フローリング貼り　廊下／コンクリート平板敷き
壁：色モルタルかき落とし　一部コンクリート化粧打ち放し　宴会場／砂入り着色プラスター

木ゴテ押さえ（茅入り）
天井：PBt9下地寒冷紗パテシゴキEP　一部PBt9捨て貼り下地岩綿吸音板貼りt12
●撮影：山田誠良（'92年4月号）

新羅館・データ（P154）

工事種別：一戸建て　新築
用途地域地区：住居地域
建ぺい率限：60％＞39％
容積率制限：200％＞41.4％
構造と規模：S造　地上2階建て
敷地面積：1180.20㎡　建築面積：463.27㎡
床面積：1階437.03㎡（うち厨房70㎡）2階51.84㎡　合計488.87㎡
工期：1989年6月12日～12月1日
総工費：2億6020万円
建築軀体工事費3800万円　外構工事費1370万円　外部造作工事費3600万円　サイン450万円　内装造作費6300万円　空調設備費2130万円　厨房設備費2200万円　給排水衛生設備費380万円　電気設備費1840万円　照明器具費730万円　家具・什器費1200万円　音響設備費120万円　無煙炭火焼きロースター1600万円
●営業内容
開店：1989年12月7日
営業時間：午前11時～午前2時
経営者：綜合商社ヤマジュン㈱　山本潤
定休日：なし　電話：(052)702-2900
従業員：サービス5人　厨房6人　パート・アルバイト常時8人　合計19人
客席数：213席　ガーデン50席
客単価：3800円　客回転数：2.5回
主なメニューと単価：特選ロース2500　塩タン1100　和牛カルビ950　骨付カルビ900　ユッケ800　カニチゲ1000　ビール(中)450　酒400
●主な仕上げ材料
屋根：耐火合板t18亜鉛合金板t0.4一文字葺き（サビナシルーフ／三井金属鉱業）　デッキプレートの上コンクリートt120シート防水
外壁：鋳加工パネル（鋳吉／西田工業）　中空押し出し成形セメント板（ラムダサイディング／昭和電工建材）　スチールサッシ／フッ素樹脂ペイント吹き付け（旭硝子コートアンドレジン）
床：モルタル下地ナラフローリング（ラバー付き）t15
壁：鋳吉貼り　柱形／フッ素樹脂ペイント
天井：鋳吉貼り　梁形／ラッカー吹き付け
●撮影：加斗タカオ（'90年3月号）

野野・データ（P158）

工事種別：一戸建て　新築
用途地域地区：指定なし
建ぺい率限：70％＞22.04％
容積率制限：400％＞32.68％
構造と規模：木造およびRC造　地上2階建て
敷地面積：991.75㎡　建築面積：218.54㎡
床面積：1階211.93㎡（うち厨房68.5㎡）2階112.17㎡　合計324.10㎡
工期：1989年9月13日～12月1日
総工費：8800万円
建築主体工事費4180万円　外構工事費670万円　空調設備費510万円　厨房設備費1000万円　給排水衛生設備費920万円　電気設備費570万円　家具・什器費950万円
●営業内容
開店：1989年12月16日
営業時間：午前11時～午後10時　定休日：なし
電話：(0899)75-3450　経営者：有肉の筒井
従業員：サービス2人　厨房1人　パート・アルバイト常時12人　合計15人

客席数：118席
客単価：1650円　客回転数：1.5回
主なメニューと単価：セットメニュー750～1650　風の道（本日のおまかせ）1850　グループメニュー2500～5500　お子様メニュー500　特上ロース1500　ロース650　特上バラ1200　バラ600　ビール400　グラスワイン300
●主な仕上げ材料
屋根：コンパネ下地特殊セメント瓦葺き（セラルーフ／富士スレート）
外壁：ラスモルタル下地レンガ積み　ラワン合板下地杉板貼り木材保護着色塗装（キシラデコール／武田薬品工業）　ラスモルタル下地玉砂利洗い出し
外部床：モルタル下地玉砂利洗い出し　玄昌石貼り400角
床：1階／モルタル下地テラゾブロック貼り400角　玉砂利洗い出し　米松フローリングキシラデコールワックス仕上げ　2階／コンパネ下地タタミ敷き　米松フローリングウレタン塗装
壁：1階／ラスボード下地シックイ塗り　土壁木ごて仕上げ　モルタル下地玉砂利洗い出し　PBt12下地寒冷紗パテシゴキAEP　2階／ラスボード下地シックイ塗り　PBt12寒冷紗パテシゴキAEP
天井：1階／ラスボード下地シックイ塗り　PBt9寒冷紗パテシゴキAEP　PBt鳥の子紙貼り　2階／ラスボード下地シックイ塗り　杉板フローリングOP　梁／米松120角キシラデコール塗装
照明器具：大光電機　オーヤマ照明　小泉産業
テーブル：トップ／ナラ突き板合板着色ウレタン塗装
無煙ロースター：シンボ
●撮影：北村徹（'90年5月号）

あじびる 河原町・データ（P162）

工事種別：内装のみ　全面改装
延べ床面積：7～9階584.94㎡（うち厨房84.84㎡）
工期：1992年7月23日～10月10日
●営業内容
開店：1992年10月16日
定休日：なし　電話：(075)223-1431
経営者：㈱あじびる
営業時間：午後5時～午後11時（日曜・祭日／9階のみ午前11時30分開店）
従業員：サービス5人　厨房18人　パート・アルバイト常時58人
客席数：7階10室(90席)　8階85席　9階86席　合計261席
客単価：5000円　客回転数：1.5回
主なメニューと単価：しゃぶしゃぶ花水木コース4800　焼肉・しゃぶしゃぶ・すきやき食べ放題3000～　日本酒700　ビール550
●主な仕上げ材料
〈7階／宴席〉
床：モルタル下地由良石貼り600角(青)　モルタル金ゴテ仕上げステンレスチップ埋め込みアルミチェッカードプレート
幅木：モルタル金ゴテ仕上げ　H100
壁：コンパネ下地鉄板および黒皮鉄板サンダー&バフ仕上げCL　ラスボード下地しっくい塗り（グレー）　ボーダー／ステンレス磨き曲げ加工
天井：PBt9寒冷紗パテ下地AEP
照明器具：木格子シルク和紙パターン張り
〈8階「花心／焼肉」〉
床：モルタル下地御影石パターン貼り（13種類）コンパネ下地カリン材市松貼りワックス仕上げ

壁：PBt12ジョイント寒冷紗パテ下地AEP
腰壁／モルタル下地御影石パターン貼り（13種類）　柱形／スチールおよびパンチングメタルパール塗装
天井：ヴォールト天井／PBt9ジョイント寒冷紗パテ下地アクリル系樹脂特殊塗装（アウラヘンティコ／アウラ）
什器：レジカウンター／カリン材練り付けウレタン
〈9階「花心／しゃぶしゃぶ」〉
床：モルタル下地那智石洗い出し　コンパネ下地サクラ材市松貼りワックス仕上げ　モルタル下地由良石貼り400角（青）
壁：ラスボード下地しっくい塗り　サラシ竹貼りφ25　スクリーン／カラーコンクリート段打ちビシャン仕上げ　鉄板網代加工鏡出しCL
天井：PBt9ジョイント寒冷紗パテ下地AEP
照明器具：鉄骨フレーム組み割り竹曲げ加工
家具：ベンチ／由良石割り肌仕上げ＋クラックガラス
●撮影：藤原弘（'93年3月号）

徳寿 カンパリ店・データ（P166）

工事種別：ファサードと内装　全面改装
床面積：1階210.35㎡（うち厨房34.56㎡）2階228.47㎡（うち厨房48.23㎡）　合計438.82㎡（うち厨房82.79㎡）
工期：1990年1月17日～4月20日
総工費：4億6220万円
建築工事費1億8000万円　内装造作費2億8220万円
●営業内容
開店：1990年4月27日
営業時間：午前11時30分～午後3時　午後5時～午前1時30分　土曜・日曜・祭日／午後5時～午後11時
定休日：なし　電話：(03)3463-8989
経営者：㈱徳寿
従業員：サービス6人　厨房8人　パート・アルバイト常時2人　合計16人
客席数：1階74席　2階78席　合計152席
客単価：6500円　客回転数：2.5回
主なメニューと単価：カルビスープ800　味付サラダ800　サンチュ800　コムタンスープ900　ロース，カルビ各1500　上ロース，上カルビ各2400　ビール(中)650　ウイスキー／S500　W900
●主な仕上げ材料
外壁：アルミルーバー（サンアルコ／川田工業）シリコンポリエステル塗装　柱形／アルミアルマイト仕上げ　スクリーン／スチールロッドφ6特注メッシュメタル塗装　軒／スチールプレートt2.3曲げ加工エメラミン焼き付け塗装
外部床：古木材貼りオイル（防腐材）仕上げ
サイン：ステンレスプレート抜き文字アンドン
床：大理石貼り400角　一部古木材貼りオイル仕上げ
壁：スチールプレートt1.6＋合成ボード下地ネオプレイン粒子入りツヤ消し塗装（ネクステル／住友スリーエム）
天井：PBt9下地AEP
テーブル：ウォルナットむく材CL　大理石無煙ロースター埋め込み（東産業）
レセプションカウンター：スチールプレートt1.6ネクステル吹き付け塗装
●撮影：白鳥美雄（'91年1月号）

李・データ（P169）

工事種別：ファサードと内装　全面改装
床面積：142㎡（うち厨房14.8㎡）

工期：1990年9月14日～10月30日
●営業内容
開店：1990年11月8日
営業時間：午後5時～午前1時
定休日：第3火曜日　電話：(06)675-0029
経営者：正交㈱
従業員：サービス2人　厨房4人　パート・アルバイト常時6人　合計12人
客席数：54席
客単価：5500円　客回転数：1.5回
主なメニューと単価：チジミ1000　ロース1200　塩タン1500　骨付カルビ1500　極上ロース3000　鍋料理2000～　石鍋ビビンバ1300　生ビール600　OBビール500　ジンロ1000
●主な仕上げ材料
外壁：木軸組みラスボード下地シックイ金ゴテ押さえ　一部黒御影石バーナー仕上げ　入り口扉／ステンレス鏡面仕上げ　真鍮本磨き
外部床：ブラックスレート貼り400角
床：スレート貼り400角（ファーバンスレート／アドヴァン）　一部ナラフローリング染色ウレタンクリア　座敷席／ナラフローリング染色CL
幅木：木製ラッカー塗装　H120
壁：ラスボード下地シックイ金ゴテ押さえ　腰壁／バーズアイメープル単板OSCL
天井：PB t 9ジョイント寒冷紗パテ下地EP（シックイ色）
家具：椅子＆座椅子／天童木工
オブジェ：スチールサビ仕上げクリア　真鍮サビ仕上げクリア　ステンレス鏡面仕上げ
●撮影：山田誠良（'91年11月号）

焼肉そら・データ(P172)

工事種別：内装のみ　全面改装
床面積：106.1㎡（うち厨房34.3㎡）
工期：1992年5月14日～6月25日
総工費：2189万円〈内外装工事費1427万円　設備（電気・空調・給排水）工事費562万円　その他（諸経費）200万円〉
●内外装工事費内訳／仮設・解体等工事費219万円　木工事費453万円　石工事費100万円　金物工事費65万円　ガラス工事費47万円　塗装工事費62万円　左官工事費133万円　サイン工事費30万円　家具・什器費294万円　照明器具費51万円　坪単価44万円
●営業内容
開店：1992年6月30日
営業時間：午前11時30分～午後2時　午後5時～午後11時
定休日：なし　電話：(03)3295-9191
経営者：㈲よしきん
従業員：サービス1人　厨房3人　パートアルバイト常時2人　合計6人
客席数：50席　客単価：ランチ1200円　夜3500円
主なメニューと単価：ランチ／焼肉定食1000　スペシャル定食2000　夜／和牛カルビ900　ホルモン鍋850　チヂミ530　キムチ盛り合わせ600　冷麺1000　生ビール450
●主な仕上げ材料
床：テラゾ現場研ぎ出し　目地／スチールバー6×6
幅木：くるみ材
壁・天井：PB t 12下地京じゅらくワラ入り木ゴテ仕上げ
照明器具：オリジナル（ネオジウムランンプ）
イス：ウォールナット材
カウンター・テーブル：くるみ材練り付け
扉：鉄板サビ加工　スズ象嵌
●撮影：平井広行（'92年10月号）

ととやじゅじゅ・データ(P175)

工事種別：ファサードと内装　全面改装
床面積：1階・2階各115㎡（うち厨房面積36㎡）
工期：1992年1月28日～3月25日
協力：メニュー開発／マトバックス　的場光雄
●営業内容
開店：1992年5月1日
営業時間：午前11時30分～午後11時
定休日：なし　電話：(0724)41-1129
経営者：㈱トトヤジュジュ
従業員：サービス2人　厨房1人　パート・アルバイト18人　合計21人
客席数：100席
客単価：3000円　客回転数：1.5回
主なメニューと単価：海鮮，点心，地鶏各蒸し料理コース（2名より，1人前）3950～　天守（焼肉セット）3980　しゃぶしゃぶ鍋2980～　ロース980～　カルビ930～　生ビール500
●主な仕上げ材料
床・幅木：モルタル下地かわらタイル貼り
壁：1階／木軸ラスカット下地しっくい金ゴテ押さえ　2階／木軸PB t 9和紙クロス貼り
天井：1階／軽鉄組みPB t 9下地AEP　2階／軽鉄組みPB t 9下地和紙クロス貼り
家具：テーブル／ブビガン材 t 8 OSCL
パーティション：和紙合わせガラス
●撮影：山田誠良（'92年12月号）

レ アール・データ(P178)

工事種別：一戸建て　新築
用途地域地区：第一種住居地域　第二種住居専用地域
建ぺい率：制限70％＞実効33.5％
容積率：制限174％＞実効31.9％
構造と規模：S造　平屋建て　一部2階建て
敷地面積：768.6㎡　建築面積：257.7㎡
床面積：1階213.9㎡（うち厨房37.8㎡）　2階31.1㎡　合計245.0㎡
工期：1989年2月10日～6月30日
●営業内容
開店：1989年7月12日
営業時間：午前11時30分～午後5時　午後6時～午後10時30分（土曜・日曜・祭日は午前0時）
定休日：なし　電話：0992(60)2002
経営者：㈱オリエンタル・フード　揚野茂樹
従業員：サービス1人　厨房2人　パート・アルバイト常時4人　合計7人
客席数：63席　客単価：昼850円　夜1300円
主なメニューと単価：ステーキセット1200～5000　焼肉セット1500～5000　ランチセット850～1200　和定食800～1200　ロース900～1800　カルビ700～1500　タン700～900　ビール450　ワイン（ハーフボトル）900～1500
●主な仕上げ材料
屋根：合板 t 12下地カラー鉄板瓦棒葺き（シルバー）キャノピー／エキスパンドメタル貼りSOP塗装
外壁：小波スレート貼りVP塗装（シルバー）開口部／スチールサッシュSOP塗装透明ガラス t 10
外部床：コンクリート洗い出し平板300角（小米桜および蛇紋／ヤマウ）芝および竜のひげ
サイン：鉄板 t 12OP塗装
床：コンクリート洗い出し平板300角（小米桜および蛇紋／ヤマウ）　一部大理石埋め込み（フェレマーブル・パーラント＆グラナダ／アドヴァン）ブナ材フローリングポリウレタン塗装一部大理石埋め込み
壁：軽鉄組み下地小波スレート目透かし貼りVP塗装　間仕切り／鉄骨SOPクリア塗装

天井：軽鉄組み下地小波スレート貼りVP塗装
無煙ロースター：山岡金属工業
●撮影：川元 斉（'90年3月号）